D1451634

SEA UN AUSPICIADOR ESTELAR

La manera más rápida de construir
una red de mercadeo productiva

Mary Christensen

TALLER DEL ÉXITO

Sea un auspiciador estelar

Copyright © 2012 - Taller del Éxito

Título en inglés: *Be a Recruiting Superstar: The Fast Track To Network Marketing Millions.*
Copyright © 2008 Mary Christensen. Published by AMACOM, a division of the American Management Association, International, New York. All rights reserved.
Traducción: © 2012 Taller del Éxito Inc.

Publicado por:

Taller del Éxito, Inc.
1669 N.W. 144 Terrace, Suite 210
Sunrise, Florida 33323
Estados Unidos

Editorial dedicada a la difusión de libros y audiolibros de desarrollo personal, crecimiento personal, liderazgo y motivación.
Diseño de carátula y diagramación: Diego Cruz

ISBN 10: 1-607380-55-2
ISBN 13: 978-1-60738-055-9

Printed in the United States of America
Impreso en Estados Unidos

12   13   14   15   16   R|UH   11   10   09   08   07

Este libro está dedicado a personas
por quienes siento especial aprecio:

Ida, Ruby, Vera, Wayne, Nikki,

Matt, Paige, Trinity, David, Tiffany,

Samantha, Brayden, Dane, Beki,

Frances, Gary, Jim, Bev, Gordon,

Geoff, Catherine, Brittany, Callum,

Matt, Sonia, Grace, James, Jenny,

Mike, Tayla, Tristan, Caroline, Irian, Cayce,

Wayne, Tiffany, Mason, Marvon,

Kelly, Izak, Kaydence, y Bradley.

Contenido

PARTE III: Convierta el conocimiento en acciones prácticas

PARTE IV: ¿Es usted un auspiciador estelar?

Prólogo

SI USTED HACE PARTE del negocio de las redes de mercadeo, convierta este libro en su primera opción de lectura. Mary Christensen ha creado esta guía de acción orientada hacia cómo construir y desarrollar una organización de ventas exitosa y rentable. Si usted es nuevo en la industria del mercadeo en red o un profesional experimentado en ella, este libro está lleno de ideas esenciales que suelen resultar muy útiles a quienes desean dedicarle tiempo y disciplina a su implementación.

Los principios y técnicas que presenta la autora funcionan independientemente de los productos o servicios que usted ofrezca, y de la metodología que quiera utilizar al realizar su presentación de negocio, ya sea que se trate de la modalidad persona a persona, mediante eventos promocionales o a través de la web. Como lo anuncia el título, esta obra indica la forma rápida y eficaz de construir un equipo de distribuidores motivados por un excelente auspiciador: ¡usted!

Mary Christensen, la autora, expone las muchas ventajas de hacer negocios a través de las redes de mercadeo, mostrando también el amplio atractivo que existe para una variedad de segmentos del mercado. Usted logrará acrecentar sus ventas y sus colaboradores, comenzando probablemente con un número pequeño hasta lograr un importante posicionamiento en el mercado. Consciente de que la magnitud de cada negocio es distinta, Mary le ayuda a maximizar sus esfuerzos en la selección de personal y le enseña a llegar al mayor número de prospectos posible con el cual usted pueda entablar buenas relaciones desde el comienzo. También le suministra ayuda mediante muchos ejemplos de expresiones que se utilizan en la jerga de las ventas, junto con guiones que le ayudan a practicar lo aprendido.

Usted se divertirá al utilizar los ejemplos humorísticos que Mary emplea relacionados con algunas especies de aves muy apropiadas para identificar ciertas características de personalidad que se observan constantemente en amigos, familiares y miembros de su equipo. Sin importar si sus prospectos tienen actitudes de pavos reales, búhos, palomas, petirrojos o águilas, usted aprenderá a identificar dónde encaja cada uno de ellos en su negocio y hallará la forma apropiada de interacción para mantenerlos motivados. Así mismo, desarrollará mecanismos para lograr que la gente responda ante su motivación y comprenderá cómo la diversidad contribuye a que usted constituya un equipo de trabajo más robusto.

Finalmente, este libro le ayudará a identificar qué tipo de auspiciador es usted, y le señalará la vía para avanzar desde ser un auspiciador en formación hasta convertirse en un auspiciador estelar. Haga de ésta una obra de consulta obligatoria que lo instruya sobre cómo tomar el control sobre la clase de vida que desea construir.

—Betty Palm, Presidente de Dove Chocolate at Home®

SEA UN AUSPICIADOR[1] ESTELAR

---

1. Nota del editor: Todo empresario independiente en proceso de construir un negocio de redes de mercadeo sabe que uno de los aspectos más influyentes en el crecimiento de su organización es presentar esta oportunidad a otras personas. Como resultado de este paso inicial, muchas de ellas optan por "entrar al negocio", acto conocido como "auspiciar" a un nuevo distribuidor. Expresiones como éstas son parte de un lenguaje o argot empresarial que suele mostrar pequeñas variaciones de país a país y de una región a otra. Por esta razón, habiendo consultado el Diccionario de la Real Academia de la Lengua Española y otras fuentes, consideramos prudente aclarar que al utilizar el término "auspiciar", en cualquiera de sus conjugaciones o acepciones, el autor de esta obra se está refiriendo a lo que, en términos generales, suele conocerse en algunos lugares como reclutar, patrocinar, enganchar, enrolar, incorporar o inscribir a un nuevo distribuidor en una red de mercadeo.

Introducción

VENDER DE FORMA directa es la forma ideal para ser dueño de su propio negocio y de su propia vida.

Usted tiene la posibilidad de trabajar con cualquier producto o servicio que escoja sin tener que preocuparse por costos de producción, inventarios, ni por la fuente de su materia prima. Desde productos para el cuidado de la piel, suplementos nutricionales, alimentos gourmet, joyas, juguetes, hasta artículos para mascotas, las opciones de negocio son abrumadoras. Sin importar cuáles sean sus aficiones —jardinería, vinos, té, café o la moda— usted se deleitará en escoger la clase de negocio que quiera.

Miles de corporaciones en el ámbito de la venta directa están listas para asociarse con usted, con productos y servicios que incluyen lencería, ropa deportiva, telecomunicaciones, salud, viajes y servicios legales.

Usted podrá decirles adiós a los empleadores exigentes, a las reglas de la oficina y a los interminables viajes de ida y vuelta al lugar de trabajo. No más horas compartiendo con personas que no le agradan. Elija cuándo trabajar, dónde hacerlo y con quién.

Si usted tiene un negocio que lo está agotando financiera y económicamente, procure recuperar su inversión, desocupar el local en que funciona, devolverle las llaves al dueño y enrolarse en una corporación de multiniveles que de verdad invierta en usted.

Cualquiera de esta clase de corporaciones le subsidiará su *kit* de principiante, le proveerá sistemas de apoyo sofisticados y le entrenará en todos los niveles para que usted se proyecte en su crecimiento integral.

Si usted elige trabajar a tiempo parcial, el ingreso proveniente de su red de mercadeo le permitirá obtener entradas suficientes como para aportar al presupuesto diario de sus gastos familiares. Estará en condiciones financieras de pagar la universidad de sus hijos, ir de crucero con toda la familia a Alaska, o financiar el proyecto de remodelación de su casa.

Si decide trabajar de tiempo completo en el negocio de mercadeo en red, éste generará muchos más ingresos como para sostener a la familia, pagar la hipoteca y aportar generosamente a un fondo de pensiones. Todo depende de cuánto tiempo quiera invertir usted en su propio negocio y de cuánto esté dispuesto a aprender.

La médula de cualquier red de mercadeo, servicio multinivel o plan de eventos promocionales consiste en auspiciar o vincular personal. Sin importar lo comprometido que esté usted con promover sus productos, existe un límite en cuanto al número de personas al que le es posible llegar. Y aunque usted sea el mejor vendedor del planeta, también hay un límite en cuanto al número de horas que está en capacidad de trabajar. Es por esto que, si usted verdaderamente desea alcanzar la clase de vida que la mayoría de personas sueña, entonces tendrá que aprender a auspiciar personal.

Cuando usted vincula más gente a su red, aumenta de inmediato el tope de sus entradas. La manera más efectiva de lograr los mayores niveles de ingreso consiste en encontrar y entrenar a otros para que promuevan sus productos y servicios —y enseñarles a ellos a hacer lo mismo. Los ingresos generados por las ventas personales y por las ventas de todos los que hacen parte de su línea de distribuidores, representan un paso rápido a su libertad financiera.

Los ingresos residuales son los que hacen que el mercadeo en red funcione. Una vez se realice el trabajo necesario, usted también continúa recibiendo ingresos tal y como lo hacen los escritores, cantantes y actores famosos que reciben regalías por su trabajo. Aun si usted decide reducir el número de horas que trabaja, los cheques continuarán llegándole, siempre y cuando usted permanezca activo y su personal se mantenga produciendo.

Existen muchas razones por las que el mercadeo en red es más popular que nunca.

Los consumidores se están haciendo cada vez más inmunes al bombardeo de la publicidad en masa, al uso de celebridades para promover un producto y al envío de correos masivos. Y mientras los comercializadores tradicionales continúan gastando billones de dólares en impulsar sus productos a través de los medios, en el mercadeo en red se emplea el canal más efectivo de todos, que es voz a voz. Así que el presupuesto de la publicidad se utiliza para recompensarle a usted.

A medida que el ritmo de la vida se acelera, todos contamos con menos tiempo para ir de compras. Las redes de mercadeo evitan la molestia de tener que salir a hacerlas porque no es necesario ir a centros comerciales abarrotados de compradores en los cuales es difícil encontrar un lugar para parquear el vehículo y donde hay que hacer largas filas para pagar los productos. Los clientes de las redes de mercadeo pueden escoger la modalidad de su compra, desde la asesoría persona a persona, a las reuniones de encuentro con los amigos, los seminarios comerciales, los pedidos en línea o vía telefónica. Los productos son entregados en la puerta de su domicilio y es posible solicitar la renovación de las órdenes de compra de forma automática —junto con un generoso descuento por su fidelidad como cliente.

El número de tiendas al detal se está reduciendo drásticamente. Los dueños de negocios minoristas están disminuyendo los gastos operativos y contratando trabajadores a bajo costo, con muy poca formación de servicio. En contraste, la mayoría de los agentes de mercadeo en red tienen un alto grado de entrenamiento y de motivación. Sus ingresos y su estilo de vida dependen de ello.

La novedad de los artículos baratos de las abarrotadas tiendas de descuentos y de las desagradables bodegas de ventas al detal, es algo desgastada. De otro lado, las preocupaciones que se generan por temas de seguridad han desvanecido el interés por los productos rebajados traídos del extranjero. Los productos de calidad son respaldados mediante garantías de satisfacción, las cuales son el sello distintivo del mercadeo en red.

Los clientes están hastiados del enfoque "no nos interesa lo que pase con usted, usted no nos importa", adoptado por muchos mal llamados "prestadores de servicios". Todos estamos cansados de hacer llamadas telefónicas recibidas por máquinas automatizadas. Nos molesta que nos pongan en espera a la vez que nos dicen: "Su llamada es muy importante para nosotros". No sorprende entonces que el mercadeo en red compita y esté ganándole terreno a la venta de productos y servicios de alta rotación.

Las redes de mercadeo representan una oportunidad increíble para todos aquellos que anhelan comenzar su propio negocio. Los ingresos estarán determinados por la habilidad de cada individuo para encontrar el tipo de personas correcto y por la agilidad para proveerles el apoyo que ellas necesitan en la construcción de su propia organización. Las personas que usted auspicie o vincule tendrán las mismas oportunidades de ingresos que usted ha tenido. Se trata de un negocio de oportunidades iguales.

Si usted realmente está interesado en construir una red de mercadeo y desea beneficiarse de la experiencia adquirida por los grandes de la industria, entonces su prioridad número uno deberá ser vincular personal. Menos del 1% de la población mundial actualmente está involucrado en el sistema de ventas directas. ¡Imagine todo ese POTENCIAL!

Este libro le enseña el enfoque innovador para auspiciar o vincular personal, el cual he desarrollado para hacer que mi negocio prospere de forma rápida. Yo le ayudaré a librarse de las dudas que surgen acerca de auspiciar personal y le mostraré *quiénes* son los mejores prospectos y *dónde* encontrarlos. También le explicaré *por qué* ellos encajan perfectamente con la oportunidad que usted tiene en frente y *cómo* construir su propio enfoque. Ninguna de estas cosas tiene que ser complicada para usted. Haga las preguntas del tipo correcto y consiga que los mejores prospectos se revelen ante sus ojos.

En este momento en los Estados Unidos ya hay más de 15 millones de personas participando del sistema de mercadeo en red y en el mundo entero se supera la cifra de 60 millones de distribuidores. En uno de cada diez hogares hay alguien que participa del sistema de ventas directas y muchas más personas están engrosando rápidamente las filas de la industria. En los Estados Unidos esa cifra crece en veinticinco mil nuevos representantes por día y en el mundo son más de ochenta mil.

Existen muchas razones por las que esas cifras continuarán aumentando en los próximos años. Con los avances tecnológicos recientes, la gente puede iniciar un negocio en su propio hogar y obtener recursos comparables a los que se obtienen cuando se trabaja para las grandes corporaciones.

El internet ha transformado radicalmente el negocio de las ventas directas. Libera a quienes participan de las redes de mercadeo de tareas que consumen tiempo, tales como el envío de boletines, hacer entregas y mantener registro de los equipos de vendedores a su cargo. Y esa mayor eficiencia en la administración del negocio le libera a usted para que logre concentrarse en actividades vitales que generan ingresos.

A medida que los trabajos tradicionales se remplazan mediante la automatización o la contratación en el extranjero, los trabajadores están empezando a darse cuenta que la única seguridad en la vida depende de ser autosuficientes. La expresión *"en el extranjero"* no representa ninguna amenaza dentro del sistema de mercadeo en redes. Más bien implica la oportunidad de extender su red a otros países, especialmente en los mercados emergentes de Rusia, India, China y los países de la Europa Central y Oriental.

Cualquier experto sabe que los ladrillos y el cemento no son los que hacen a un negocio. La mayor ventaja del mercadeo en red subyace en el costo mínimo que implica iniciarlo y mantenerlo. Usted no tendrá que alquilar instalaciones ni comprar inventarios, como tampoco necesitará solicitar un préstamo a una entidad. Usted ganará según venda y según aprenda.

⊞ ⊞ ⊞ ⊞ ⊞

Yo me inicié en el negocio de las redes de mercadeo con mucha confianza y visión corporativa, con productos únicos, lo que siempre me pareció una oportunidad singular. Equipada con todo un arsenal de superlativos me fijé la misión de vender mis productos a todas las personas que se atravesaran por mi camino.

Pero la misión falló. Vendí muy pocos productos y vinculé a muy pocos amigos y vecinos. A semejanza de muchos otros que inician con grandes expectativas pero con estrategias defectuosas, no estaba logrando lo suficiente de tiempo completo como para sobrevivir y ya había renunciado a mi trabajo como profesora.

Determinada a ser una madre que permanecía en casa y al mismo tiempo a pagar mis facturas, decidí darme otra oportunidad. Evidentemente no había encontrado la manera de administrar mi propio negocio.

Entonces cambié de estrategia y los resultados no se hicieron esperar. Empecé a conectarme a la vida de las personas en vez de simplemente brindarles un torrente de información que pudiera interesarles o no. ¡Mis ventas y mis vinculaciones se dispararon!

Empecé a ganar lo suficiente y logré pagar mi hipoteca. Después compré una casa nueva, comencé a conducir el auto de mis sueños y logré llevar a mis hijos de vacaciones al otro lado del mundo. También estuve en condiciones de darles uno de los mejores regalos que un padre quiere dar a sus hijos —una educación de calidad sin la carga de entrar en deudas por créditos educativos. A una edad temprana estaba libre de deudas y con un portafolio de inversiones que me permitió tener la clase de vida que deseaba —y el dinero necesario para lograrlo.

Si yo puedo lograrlo, usted también puede. Ahora sé que cuando comencé tenía muy pocas destrezas y confianza. Me veía a mí misma como al Thomas Edison del mercadeo en red —haciendo miles de ensayos antes de descubrir lo que realmente funcionaba.

Cuando usted esté listo para transferir sus sueños de la lista de deseos a la lista de cosas por hacer, le enseñaré el arte de vincular personal

de modo que usted construya su propia red de mercadeo o presente con
éxito su plan de negocio a terceros. Si usted está dispuesto a trabajar y
a aprender, también podrá tener el dinero y la clase de vida que desea.

Venda productos y tendrá dinero en el presente.
Vincule personal y siempre tendrá dinero.
—MARY CHRISTENSEN

PARTE I

Prepárese para auspiciar personal

Por qué algunos se convierten en comercializadores en red y otros no

AQUÍ HAY DOS PREGUNTAS SENCILLAS...

En primer lugar, ¿cuál es la razón número uno por la cual la gente se involucra en el negocio de mercadeo en redes o en un plan de negocio a terceros?

La respuesta es que se iniciaron en el negocio porque alguien se los ofreció. La inmensa mayoría de las personas nunca consideraron entrar en el negocio hasta cuando alguien se lo sugirió.

Eso no sorprende. El mundo en el que nos movemos es el mundo del voz a voz. Quienes trabajamos en redes de mercadeo no hacemos campañas en los medios anunciando la oportunidad y tampoco publicamos nuestras ofertas en la sección de empleos de los periódicos. Por eso, a menos que usted se conecte con sus prospectos, ¿cómo sabrán ellos de la increíble oportunidad que este tipo de negocio representa?

En segundo lugar, ¿cuál es la razón número uno por la cual la gente no se inicia en el negocio del mercadeo en red o en un plan de negocio a terceros?

La respuesta es que nadie les pidió que lo hicieran. La gente no va a venir a tocarle en su puerta. Usted tendrá que ir y abordarlos a ellos —y preferiblemente antes que alguien más lo haga. Créanme, no hay lección más dura que ver en un evento corporativo a alguien a quien uno hubiera podido abordar pero no lo hizo, y que esa persona se presente porque alguien más la vinculó.

Todos los días, miles de personas que anteriormente nunca consideraron con seriedad la posibilidad de participar en negocios de mercadeo en red, firman el contrato. Enhorabuena para ellas. Estas personas estaban en el lugar correcto y a la hora correcta cuando se les presentó el tipo de persona correcta. Esa persona pudo haber sido usted.

No juzgue a las personas de antemano, no vacile y no se retraiga. Abórdelas y hábleles sobre el negocio en toda oportunidad que se le presente. Y si no se le presentan las oportunidades, entonces créelas. Mientras más personas aborde, mayor medida de éxito tendrá.

Todo lo que usted necesita hacer es creer en sus productos, creer en su oportunidad y tener arrojo.

Si aún no lo ha hecho, haga la parte más fácil de la tarea, que consiste en escoger sus productos. Existen toda clase de servicios que se venden de forma directa. Marcas ícono como Avon, que han permanecido en la industria por más de 120 años, se han asociado a otras marcas como Dove Chocolate®, Jockey® y The Body Shop®, las cuales tradicionalmente han vendido al detal. Escoja un producto con el cual se identifique plenamente y una compañía que demuestre verdaderas ganas de servirle a usted.

Sin importar lo maravillosos que sean sus productos o el nivel de apoyo que se obtenga del socio corporativo, el éxito de su negocio dependerá totalmente de usted. De modo que aquí está la pregunta del millón de dólares: ¿Cuánto éxito considera usted que debe obtener? Si usted no piensa que deba obtener éxito, encontrará miles de excusas para no alcanzarlo, excusas como por ejemplo: "Soy demasiado joven, demasiado viejo, estoy demasiado ocupado, no tengo la confianza suficiente, no soy tan inteligente o no soy tan bueno en las ventas".

Lea entre líneas y verá que lo que realmente está diciendo es: "Estoy demasiado ocupado así que no espere que lo intente". Así sólo estará dándose un pase de cortesía para el fracaso. Esa forma de pensar negativa siempre trae consecuencias.

Hay algo más que también debe considerar: ¿Qué hay si usted tiene todo lo que se necesita para crear una vida maravillosa mediante el negocio de mercadeo en red pero se da por vencido sin siquiera intentar hacer su mejor esfuerzo?

No existen castigos por no alcanzar las metas, pero, ¿qué tiene que perder? Inténtelo y se sorprenderá del éxito que obtendrá mucho más allá de sus sueños más ambiciosos. Dese a usted mismo permiso para triunfar, y alcance ese triunfo de forma espectacular. Si lo considera necesario, repita para sí la siguiente frase: "Lo quiero, lo merezco y lo puedo hacer".

Salir a enfrentar al mundo todos los días requiere valor y sin duda usted enfrentará algunos reveses. Aquí es donde tendrá que tomar una decisión: ponerse en una situación de discapacidad emocional y permanecer enredado con el problema o salir adelante pese a esos desafíos. Como lo escribió el famoso escritor estadounidense Mark Twain: "El dominio del temor no implica que se deje de experimentar temor; el valor es la resistencia al temor". Así aparece en su obra *Pudd´nhead Wilson* (*Wilson, el chiflado*, también conocida como *Los gemelos extraordinarios*)

Si usted espera hasta el momento de sentir confianza plena antes de empezar a vincular personal, estará desperdiciando sus mejores oportunidades. La confianza se manifestará cuando logre ver un impacto positivo en otros.

El tiempo puede hacerse demasiado largo si espera hasta tener conocimiento enciclopédico sobre el plan de compensaciones. La habilidad proviene de la práctica. La única manera de aprender a tocar la guitarra es mediante tocar la guitarra.

Se requiere valor para construir un negocio de redes de mercadeo. Sin importar lo nervioso que usted se sienta, aborde al mayor número de personas posible y, una vez las vincule, estimúlelas a hacer lo mismo.

No crea que usted no tiene lo que se necesita para alcanzar el éxito, o que es difícil encontrar al tipo correcto de personas, o que algo va a salir mal. Si usted lo desea —y tiene la convicción de que lo merece— va a lograrlo.

En el territorio de los Estados Unidos viven unos 300 millones de personas y cada 7 segundos nace un nuevo bebé. Cada 14 segundos entra un nuevo inmigrante al país. Pero muy pocas personas están viviendo la vida de sus sueños. Usted puede tener la clave para lograrlo. Ármese de valor para abordar a la gente todos los días con la convicción de tener el poder de cambiar vidas.

Si a usted le falta confianza al principio, haga que esto obre a su favor. Saber exactamente lo que se siente cuando se es nuevo puede convertirlo en un líder comprensivo. Cuando usted diga: "Sé cómo se siente, yo me sentía igual", estará hablando desde el corazón. Un líder que dice: "Yo también estoy aprendiendo", se convierte en un modelo a seguir más poderoso que aquel que parece no equivocarse. El mensaje que usted estará comunicando será: "Si yo puedo hacerlo, usted también puede".

Entre a un salón donde haya exponentes del mercadeo en red y notará que no hay un denominador común que resulte obvio. Encontrará personas de toda clase de antecedentes socio-económicos, nivel educativo, profesión, trabajo, etnia, raza, género, personalidad y edad. Usted tendrá que buscar bajo la superficie para determinar lo que ellas tienen en común, y esto es la convicción que tienen de su negocio, su ambición por lograr el éxito y el coraje de hacer que las cosas sucedan.

Usted tiene el potencial para convertirse en la persona que desee ser, tener lo que quiera tener, y lograr lo que se haya propuesto. ¿Qué mejor forma de cumplir los sueños que mediante construir una organización a través de redes de mercadeo, un plan de negocio a terceros, una persona a la vez?

CAPÍTULO 2

Principios de vinculación que transformarán su negocio

EXISTEN DOS MANERAS DE VINCULAR PERSONAS A SU NEGOCIO… La primera es ofrecérselo a todas las personas que usted encuentre, esperando que ellas tengan la suficiente bondad, cortesía o paciencia para escucharle.

Yo llamo a esa la técnica *emboscada*. Es duro para el prospecto que no se lo espera y es duro también para usted. En estos casos la tasa de rechazo ante la 'sorpresa' es bastante alta. Y eso se debe a que usted aparece como alguien que intenta favorecer sus propios intereses convenciendo a otros para que consideren su oportunidad de negocio.

La segunda manera de hacerlo consiste en *decidir de antemano a quién* se le ofrecerá la oportunidad y determinar las razones de por qué esta persona pudiera estar interesada en la oferta. Lo que usted busca es poder *conectar* personas. Cuando usted aborde a aquellas que tengan la disposición correcta para el negocio, ellas verán que usted considera genuinamente que tiene algo bueno para ofrecerles. Siempre esté listo para decir: "Le llamé porque…".

¿Se vincularán al negocio? Tal vez sí, tal vez no. Muchos factores incidirán en la decisión que tomen sus prospectos. Lo único que usted podrá controlar es la calidad de su propia presentación, no la manera como respondan las personas. Pero una cosa sí es segura: aborde a sus prospectos con el deseo genuino de ayudarles y verá cómo se eleva considerablemente su tasa de éxito. Aun cuando ellos declinen la oportunidad, la puerta continuará abierta.

Usted obtendrá una mejor respuesta si entiende y adopta los siguientes principios vitales.

Principio número uno

Satisfaga una necesidad

Imagine que su prospecto es un objetivo al cual hay que apuntar, y que todos los beneficios que ofrece su oportunidad son flechas. ¿Está listo para empezar a disparar las flechas?

Pero espere un momento —antes que empiece a disparar, usted va a tener una venda en los ojos. Y tan pronto como esté vendado, su objetivo va a comenzar a moverse en la dirección que desee. Si usted no sabe la ubicación de su prospecto, no sabrá dónde apuntar. Imagino que ninguna de las flechas dará en el blanco.

Ahora bien, es probable que usted esté pensando: "¡Qué desperdicio de tiempo!" Y tiene razón. No tiene sentido apuntar y disparar flechas aleatoriamente si no puede ver el objetivo. Usted tiene que saber dónde están ubicados sus prospectos *antes* de intentar ofrecerles su oportunidad. A esto se le llama escuchar.

Si usted dedica el 80% de su tiempo para aprender sobre las ambiciones, experiencias, personalidad, circunstancias y prioridades de sus prospectos, no desperdiciará su tiempo ni sus flechas en objetivos que no apliquen o no estén interesados. Así, el otro 20% de su tiempo restante usted podrá dedicarlo a hablar con su prospecto de forma eficaz.

Principio número dos

Replíquese

La forma de hacer que su negocio crezca rápidamente se logra mediante alcanzar el mayor número de personas posible. Cuantas más personas aborde, más personas se unirán con rapidez a su causa para ayudarle a construir su organización.

Imagine que usted desea vincular a mil personas en su línea de vendedores (las personas que vincula y entrena y de las cuales también gana comisión). ¿Qué hay si usted vincula a una persona por mes? ¿Cuánto tiempo le tomaría vincular a mil? ¡Le tomaría 83 años! En el mejor de los casos, estaría disfrutando de las recompensas de sus esfuerzos en una motocicleta tipo scooter.

¿Qué hay si vincula una persona a la semana? Estará ocupado, pero en aproximadamente 20 años logrará su objetivo. Este hecho pudiera resultar algo retrasado si la meta es proveer los fondos para la educación universitaria de sus hijos. Ellos se verían forzados a unirse al 30% de estudiantes que se ve obligado a dejar el estudio debido a dificultades financieras o se verían en la necesidad de tomar un préstamo de estudio oneroso antes de graduarse.

Pero, ¿qué hay si usted enseña a cada persona que auspicia a que ella también vincule a otros, y cada uno en la línea logra hacer lo mismo? ¿Cuánto tiempo le tomaría conseguir a mil personas para su fuerza de ventas? ¡Le tomaría diez meses! No ochenta y tres años, no veinte años, sino únicamente 10 meses.

Si usted quiere construir su organización rápidamente, su enfoque para vincular personal tiene que ser fácil de aprender, de recordar y de repetir. Es posible que usted tenga súper poderes o una estrategia singular que le funcione de maravilla, pero cuanto más apartado esté usted del sistema comprobado como eficaz, más difícil le será replicar su ejemplo. Si usted desea hacerse duplicable, no puede darse el lujo de hacer cosas que otros no puedan copiar.

Principio número tres

Cuanto más hable usted, menos escucharán ellos

Las palabras no convencen a las personas para que compren sus productos o aprovechen la oportunidad de negocio que usted les brinda. Cuanto más tiempo pase hablándoles, menos le escucharán ellos a usted. Y cuanto más rápido hable, mayor impresión de desespero estará dando.

La sobrecarga de información se ha convertido en una epidemia nacional. El volumen de información que debemos procesar todos los días es abrumador. Los investigadores sugieren que diariamente somos bombardeados con un promedio de 5.000 mensajes publicitarios. Hacemos frente a ello cuando filtramos lo innecesario, irrelevante o indeseado, concentrándonos en aquello que nos interesa. Si usted desea que su mensaje se escuche por encima de los demás, entonces debe hacer que cada palabra cuente.

Los políticos, los *lobistas* y los líderes de negocios saben que cuanto más contundente suene usted, mejor captará la atención de los medios. Los comerciantes saben que solamente tienen unos pocos segundos para que los comerciales capten la atención de la gente. Existe una relación directa entre el impacto y la simplicidad —cuanto más diga usted, menos será escuchado.

La gente es como el agua: tiende a ir tras la ruta más fácil. Cualquier complicación, cualquier detalle innecesario, nos da la oportunidad de excusarnos y decir: "No", "No en este momento". No haga que su mensaje sea denso, hágalo fácil para que sus prospectos tomen la decisión positiva manteniendo su mensaje fácil y sencillo de captar.

Si su mensaje es claro, sus colaboradores podrán mantenerlo intacto para el beneficio de las personas que ellos vinculen. Ser breve requiere de disciplina y de práctica, pero realmente funciona.

Principio número cuatro

No se trata de usted

Imagine a una mujer que está teniendo un día difícil y cuya presión se le está acumulando. Tiene invitados a cenar y dispone de dos horas para atravesar la ciudad, recoger a sus hijos que juegan en un campeonato deportivo y luego ha de preparar la comida antes que sus invitados lleguen.

El tráfico está pesado, el termómetro señala más de 30 grados centígrados y los niños están cansados e irritables. La mujer restablece la armonía con la promesa de una pizza y una película en DVD (ahora se siente estresada y culpable por eso) y se dirige al supermercado.

Esto es algo que ella ya ha hecho varias veces. Debe hacer un recorrido rápido y conseguir todo lo que necesita para ser la anfitriona perfecta.

Pero al llegar, el parqueadero está atestado. Un automóvil está a la espera de un espacio pendiente y se encuentra bloqueando todo el tráfico. El reloj continúa avanzando. La mujer finalmente logra conseguir un espacio para parquear en un extremo del parqueadero y se dirige a toda prisa al almacén. Cuando está a punto de conseguir un carrito de mercado se encuentra cara a cara con una promotora de la tienda.

La promotora dice: "¡Gracias por escoger nuestra tienda para mercar!"

"Gracias", responde la mujer intentando obtener un carrito.

La promotora continúa: "Esperamos que disfrute de su experiencia de mercar con nosotros el día de hoy".

La mujer siente que está desperdiciando segundos preciosos pero no quiere ser descortés, por lo que sonríe con diplomacia.

"Hoy es nuestro décimo aniversario", dice la promotora, "y estamos celebrando con algunos descuentos especiales. Aquí están sus cupones". La promotora alcanza unos panfletos.

"Gracias". La mujer sonríe de nuevo con cortesía y continúa intentando conseguir el carrito de compras.

La promotora continúa: "Sea usted bienvenida". Pero la mujer está abstraída en su mente pensando en el recorrido que debe hacer en la tienda. "Tenemos algunas promociones que probablemente le interesen".

La mujer abandona la idea de conseguir el carrito y más bien opta por una canasta, pero su ruta de escape está bloqueada.

"La visión de nuestro fundador…".

La mujer siente que sus hijos están a punto de iniciar la Tercera Guerra Mundial a sus espaldas.

"… es hacer disponible únicamente las carnes y los productos más frescos".

"Disculpe", interrumpe la mujer, a medida que su presión sanguínea aumenta, "pero estoy de afán".

Pero no sabe si su atormentadora implacable le escucha porque dice: "Asegúrese de visitar nuestro *delicatessen* y probar una muestra de nuestros nuevos quesos".

¡Mmm! La anfitriona de la tienda está desbordada de entusiasmo pero a la vez se muestra insensible ante las necesidades de la mujer.

La tienda en cuestión tiene una agenda y es capitalizar su aniversario para promover su negocio. Pero la mujer tiene otra agenda que consiste en terminar la compra en el menor tiempo posible. Si la promotora hubiese leído las señales de la mujer, le habría abierto paso para que ella hubiera transitado libremente.

Cuando se trata de promover su negocio, este debe estar a disposición de sus prospectos. La agenda de ellos siempre será diferente a la suya, al mismo tiempo que será diferente del prospecto con el que usted habló ayer.

Una sola medida no sirve para todas las tallas. Usted tendrá que abordar cada llamada, cada cita, cada entrevista y cada presentación, desde la propia perspectiva del prospecto. Sermonear a los prospectos con la visión del fundador o con la misión de la compañía hará que se pierdan oportunidades valiosas de vincularlos al negocio.

Yo he asistido a muchas reuniones de oportunidades de negocio y le pudiera contar las veces que he visto cómo una audiencia pierde interés a medio camino en uno de esos discursos sobre planes de compensación o sobre la visión de la oficina central. He presenciado incontables reuniones donde el distribuidor ansioso pero mal preparado dispara flechas aleatoriamente hacia los invitados que, de otro modo, hubieran sido grandes prospectos.

Resulta mucho más fácil hablar de los productos y de la oportunidad de negocio que aventurarse a entrar en terrenos inciertos —las circunstancias singulares de sus prospectos— pero eso es un gran error.

El tiempo para hablar de los detalles es durante el entrenamiento. Ese es el momento en el que usted debe conectarse a sus prospectos y en el que ellos también deben conectarse a usted; la mejor manera de hacerlo es demostrando un interés genuino en la vida de su prospecto. Pregúntele sobre su familia y sus amigos. Averigüe qué es aquello que le apasiona o a qué dedica su tiempo libre, o dónde trabaja o de qué universidad es egresado. Cuando usted demuestra interés por el prospecto, él o ella manifestarán igualmente interés en usted.

Principio número cinco

La emoción tiene más peso que la lógica

La gente está más motivada por la emoción que por la lógica. Los seres humanos solemos basar nuestras decisiones en los sentimientos, los cuales luego justificamos con razones. Si su enfoque es demasiado teórico, racional o seco, alejará a la gente. La convicción y la pasión inspirarán a sus prospectos.

Una ex enfermera cuenta cómo llegó a ser organizadora de eventos de promoción:

"Yo estaba trabajando cuando sonó el teléfono. Era la niñera de mi hijo y dijo: 'Tu bebé dio vuelta por primera vez'. Todo lo que pensé fue que yo no había estado ahí cuando sucedió. En ese momento decidí renunciar a mi trabajo para estar en casa con mi hijo".

Luego de escuchar su historia, todos los padres en la sala experimentaron una reacción emocional e instintiva de inmediato. Si usted desea llegar al corazón de quienes le escuchan, debe hablar desde el corazón.

Principio número seis

Construya las relaciones

El día en que usted se inició en el negocio de las redes de mercadeo, empezó una carrera en el negocio de las relaciones. Retire el aspecto de las relaciones de las redes de mercadeo y nada le diferenciará de cualquier vendedor al detal, comercializador directo o vendedor en línea.

Sus productos o servicios pueden ser fenomenales, no obstante es incauto pensar que los suyos son los únicos productos de calidad en el mercado.

Es posible que su plan de remuneraciones sea sorprendente y que su personal esté dispuesto a andar muchas millas extras por usted; pero afuera en el mercado existen igualmente otras corporaciones con excelentes planes de remuneración y con un gran personal.

Por lo tanto, sus programas y sistemas de entrenamiento deben ser de última generación. Con todo, con los grandes avances de la tecnología cualquier corporación tiene la capacidad para desarrollar materiales de soporte sobresalientes.

Pero lo único que no se copia ni se imita es el tipo de relaciones que usted sostiene con la gente. Si usted descuida el aspecto de construir relaciones con otros, entonces habrá desperdiciado su tiempo, sus esfuerzos y energías dedicados a encontrar prospectos porque ellos se vinculan y permanecen vinculados a la gente que a ellos les gusta.

Sáquele el partido a las innovaciones tecnológicas para construir y administrar su organización, pero nunca llegue a estar tan sobrecargado con la última tecnología de modo que descuide el importantísimo enfoque de mantenerse en contacto con su gente, que es lo que finalmente, constituye la magia del mercadeo en redes.

Principio número siete

Trabaje los números

No todo el mundo a quien usted le ofrezca la oportunidad de negocio se unirá a su equipo, y no todos los que se unan permanecerán con usted. La mayoría se afilian con metas pequeñas; otros se unen porque quieren alcanzar los rangos más altos del negocio. Sólo unos cuantos tendrán lo que se necesita para que su negocio prospere, mientras que otros más serán simplemente soñadores que carecen de la determinación y la disciplina que se necesita.

Usted necesitará abordar a muchas personas. Si desea vincular a los mejores captadores de ingresos necesitará administrar su negocio como si se tratara de un juego de números porque así es como el asunto funciona.

Principio número ocho

Nunca es demasiado pronto para comenzar

Cuanto más rápido empiece a auspiciar personal, más pronto empezará a obtener resultados. Cuando uno es nuevo tiende a resistirse a la idea de que debe vincular a otras personas. Pero piense por un momento cuándo es el momento en que uno se siente más entusiasmado con una idea. Sin duda, cuando el asunto es totalmente nuevo para uno. El entusiasmo conlleva más peso que los detalles. No desperdicie esa energía positiva. Desde el mismo principio de su vinculación, convierta ese entusiasmo en personas auspiciadas valiéndose de decirle a todo el mundo lo que usted está haciendo ahora y por qué lo está haciendo.

Ahora bien, puede que usted esté pensando: "Yo no sé lo suficiente sobre el negocio. No quiero parecer tonto si alguien me hace una pregunta que no sepa contestar"; en ese caso mi consejo es: relájese.

Ante esas preguntas a las cuales no les sabemos la respuesta no hay nada de malo en contestar: "No sé la respuesta pero voy a averiguarla". Eso le da a usted una oportunidad de un siguiente encuentro. También es válido contestar: "Yo también me estoy empapando de todo el tema, pero ¿por qué no vienes a nuestra próxima reunión y le das una mirada de primera mano al negocio?"

Existen muchas maneras de introducir a un prospecto en el negocio y toda una abundancia de recursos para utilizar como ayuda. Algunas compañías animan a sus nuevos representantes a involucrar a sus patrocinadores o gerentes en la entrevista. Otros recomiendan llamadas en conferencia de tres vías, grabaciones en DVD, CD, teleconferencias o encuentros en la red.

Sin importar el medio que utilice, no permita que su inexperiencia le detenga de vincular a otros desde el mismísimo primer día. Cuanto más rápido inicie, más pronto se vincularán otros. Nada construye más la confianza que el éxito mismo, y usted tendrá mayor credibilidad cuando anime a los nuevos a vencer su renuencia a vincular a otros.

Principio número nueve

Vincule a otros miembros con integridad

El enemigo número uno de este negocio es la publicidad exagerada. ¿Alguna vez se ha sentido impulsado a comprar un producto que parece demasiado bueno para ser realidad, pero cuando descubre la realidad se siente disgustado y traicionado? Sin embargo, quien ríe de último es usted porque nunca vuelve a hacer negocios con esa compañía y porque anuncia a los cuatro vientos su inconformidad.

Si usted me dice que en seis meses voy a ganar USD $20.000 al mes, tendrá a un desilusionado a su lado cuando eso no ocurra.

El entusiasmo no es excusa para exagerar o presentar en desproporción los esfuerzos que se necesitan para construir un negocio o para hablar de las recompensas que se obtienen. Para convertirse en un vendedor exitoso, se necesita tiempo, compromiso y disposición para aprender.

Si usted respalda su convicción en la oportunidad que se le presente con explicaciones razonables y un deseo genuino de ayudar a sus prospectos, logrará construir una organización estable de personas que entienden que las recompensas son el producto de los resultados. Así, la oportunidad que brinde su negocio no necesitará arandelas innecesarias.

Principio número diez

Dirija a su equipo mediante su ejemplo

No espere que otros hagan lo que usted no hace. Quienes logran los mejores resultados en el negocio son quienes también fijan la pauta. Ellos venden su producto y vinculan a otros a su red de forma constante, y como resultado esperan que quienes conforman su red también hagan lo mismo.

Y luego de conformar una gran organización, evitan la trampa de gerenciar en vez de dirigir. Tienen muy presente qué fue lo que los llevó a ocupar su posición actual y saben que para mantenerse ahí tienen que seguir trabajando.

Establezca el compromiso de auspiciar a más personal que cualquier otro miembro de su organización y haga eso todos los meses. Haga uso de todos los incentivos de vinculación que ofrezca su corporación; así, no sólo disfrutará de mayores recompensas y mayor reconocimiento sino que se ganará el respeto como líder que lleva la delantera.

C A P Í T U L O   3

Cómo conectarse con más personas

USTED PUEDE SER tanto un buen como un mal promotor de su negocio. La gente le juzga a usted por su apariencia y su respuesta puede ser o positiva o negativa. No hay un punto neutro. Si usted no es notorio para la gente, ese hecho se convierte en un punto en su contra. Usted necesita dar una impresión que invite a otros a pasar tiempo con usted para hablar del negocio.

Imagine que usted es un actor y que va a presentar la audición para representar un papel. Usted dispone tan sólo de unos segundos para generar un impacto en el director de *casting*, de modo que tendrá que escoger cuidadosamente la ropa que llevará, la forma como hablará y caminará, así como la técnica con que actuará para hacer una presentación sobresaliente al momento de salir al escenario.

Imagine que usted es médico. Ganar la confianza de los pacientes es un aspecto crítico en la relación médico/paciente. Utilizar la indumentaria de la profesión de por sí abona gran parte del terreno para ganar esa confianza.

Todos los días desempeñamos una variedad de papeles —somos padre, madre, esposa, esposo, esposa, hijo, hija, abuelo, abuela, vecino, amigo, etc. Vamos al trabajo y nos convertimos en gerente, empleado, proveedor de servicios, representante, asistente, consejero, supervisor, profesor o profesional del cuidado de la salud. Cambiamos de un papel a otro varias veces durante el día y en la mayoría de los casos lo hacemos de forma instintiva.

El mercadeo en red no funciona de manera distinta. Los roles que usted deberá desempeñar a medida que crezca su organización incluirán ser cazatalentos, entrenador, consejero, mentor, porrista, vendedor y administrador. Si usted piensa como un profesional, se destacará como profesional.

Cuanto más imagine, mejores condiciones tendrá de atraer al tipo correcto de personas. Piense en las cualidades que desea transmitir.

En primer lugar, usted deseará verse profesional, porque usted será un promotor del éxito. Si está iniciando, proyecte la imagen de éxito que desea alcanzar. No permita que el dinero le detenga. Cuando yo empecé sólo tenía un traje hasta que tuve el dinero para comprarme uno nuevo. Mi automóvil era viejo, pero siempre estaba limpio.

¿Transmite su ropa la idea de éxito? ¿Es de moda? Cuando usted saluda, ¿es su apretón de manos firme? ¿Es su arreglo personal inmaculado? ¿Demuestra confianza su voz?

Proyecte una apariencia agradable de modo que la gente que lo rodea se sienta cómoda a su alrededor. ¿Sonríe usted con frecuencia y establece contacto visual con facilidad? ¿Sostiene usted la puerta para la persona que viene detrás suyo? ¿Es usted amable con la gente que encuentra sin importar el tipo de persona que sea, sin importar si es conocida o no, o si es una persona "importante"? ¿Aprovecha usted cada oportunidad que se le presenta para decir "gracias"? ¿Da usted propinas generosas?

Usted deberá verse feliz y relajado porque si irradia tensión, presión y estrés, estará proyectando una imagen negativa de usted mismo y del negocio. Nadie querrá hacer parte de un negocio que aumente su nivel de estrés. ¿Programa usted su celular apropiadamente cuando está en compañía de otros? ¿Presta usted atención plena a alguien más cuando está con ellos o deja que sus ojos empiecen a divagar alrededor del lugar? ¿Ríe usted con frecuencia? ¿Está usted siempre *encendido* o se *apaga* cuando no está trabajando?

Nunca se sabe cuándo se conocerá al siguiente prospecto. Por ese motivo manténgase siempre preparado. Promueva con orgullo sus productos mediante hacer uso de ellos en toda oportunidad. Asegúrese que su casa demuestre evidencia de su pasión. Dé de sus productos como regalo. Su sinceridad se verá reflejada en lo que hace, más que por lo que dice.

Si lo que usted vende son productos para el cuidado de la salud, usted tendrá mayor credibilidad si lo que proyecta es un aura de bienestar. Si sus productos prometen ayudar a perder peso, ¿tiene usted fotos que demuestren un antes y un después? Si su evolución va en progreso, ¿camina usted de forma erguida y utiliza ropa que complemente su estado físico?

Si su negocio es sobre el cuidado de la piel y los cosméticos, ¿demuestra su piel vitalidad? ¿Es su maquillaje fresco y está a la moda? ¿Es apropiado para su edad?

Si lo que usted vende es ropa o joyas, ¿viste usted para impresionar? ¿Utiliza colores que favorezcan su tono de piel? ¿Son sus accesorios del tipo que atrae elogios?

La voz comunica un mensaje poderoso a los prospectos. ¿Transmite usted entusiasmo y credibilidad o por el contrario, inseguridad e insinceridad? ¿La velocidad de su habla es rápida y refleja estrés o es calmada y tranquila? ¿Es usted claro y conciso o divaga y se extiende? ¿Sienten sus prospectos su genuino interés por sus opiniones? ¿Escucha usted sus respuestas sin interrupciones?

Cuando usted se vea, hable y actúe de acuerdo al rol en el desarrollo de su negocio, se sentirá con más confianza y sus prospectos captarán esa confianza.

La imagen es mucho más que el comportamiento personal. Usted cuenta con una ventaja competitiva con los materiales de primera clase producidos por la corporación con la cual está vinculado. Aproveche esa ventaja. No intente producir sus propios materiales o hacer copias para ahorrar algo de dinero ni desfigure los folletos con una personalización barata.

Compre las mejores tarjetas comerciales y papelería que le sea posible y utilice gráficas sencillas y contemporáneas. Las tarjetas sencillas y despejadas se ven mucho más profesionales que las que están cargadas de información. Que nadie le tome por sorpresa y usted tenga que decir: "No tengo tarjetas en este momento".

Aprenda los aspectos básicos de las buenas tarjetas de presentación. Evite tipos de letra que puedan parecer de principiante. Revise la ortografía y la redacción de sus comunicados antes de oprimir en el botón "Enviar". Lleve sus productos de demostración en contenedores profesionales y descarte aquellos que demuestren desgaste. Porte y muestre sus productos con orgullo.

Y sobre todo —nunca podré hacer suficiente énfasis en esto— aproveche cada oportunidad que se le presente para expresar orgullo por su negocio. Cuando la gente le pregunte por su trabajo, asegúrese que las primeras palabras que pronuncie sean de aprecio y de orgullo por su trabajo.

"Yo trabajo en redes de mercadeo. Yo trabajo desde mi hogar vendiendo suplementos herbales de los mejores".

"Yo vendo desde mi hogar aceites de esencias a socios de mi negocio".

"Yo soy organizadora de eventos de promoción. Hago demostraciones y ventas de chocolate en eventos caseros de promoción".

"Yo estoy en el negocio de las redes de mercadeo. Tengo mi propio negocio en el que hago mercadeo a una línea de ropa deportiva".

"Soy distribuidor independiente y agente comercial para una compañía que vende productos naturales para el cuidado corporal".

Su confianza y entusiasmo serán contagiosos. Aun cuando usted se convierta en gerente, describir su trabajo desde la perspectiva de un distribuidor le permitirá iniciar conversaciones más fácilmente con los potenciales nuevos prospectos.

Así lo hará más fácil para que las personas quieran decir: "Yo tengo un amigo que trabaja con…", o para que pregunten: "¿Con cuál empresa trabaja usted?"

Muchas personas que trabajan en redes de mercadeo dan explicaciones confusas o muy elaboradas respecto al negocio en el que están, por ejemplo: "Yo estoy en el negocio de empoderar a las personas", o peor aún dicen: "Yo ayudo a las personas a producir dinero". ¡Qué cosas tan ridículas!

Si usted no manifiesta entusiasmo por lo que hace, ¿cómo puede esperar que otros sí lo hagan?

CAPÍTULO 4

¿Cuánto sabe usted sobre mercadeo en redes?

LA MIOPÍA SE HACE LLEVADERA SÓLO TEMPORALMEN-TE, pero es mejor vivir sin ella. Es probable que su compañía sea la más grande de la Historia, sin embargo, usted será más ágil para vincular a más prospectos si tiene un conocimiento bastante amplio del negocio y sabe contestar una amplia variedad de preguntas relacionadas con él. Aquí están las cosas básicas que deben saberse sobre el negocio:

☆ Sin importar si usted es organizador de eventos de promoción, tiene una red de mercadeo o participa en el sistema multinivel, usted está en el negocio de la venta directa. Esta clase de sistema describe la venta de bienes y servicios directamente al consumidor y no necesita de una ubicación fija para comercializar los productos.

☆ El mercado de ventas directas sobrepasa los USD $110 billones de ventas al año.

☆ Estados Unidos es el país donde más prospera esta modalidad de mercadeo, con un promedio de ventas superior a los USD $32 billones. Japón ocupa el segundo puesto con USD $25 billones. México y Francia exceden los USD $3 billones. De la misma manera, otros sitios donde el sistema de ventas directas se desarrolla con bastante dinamismo son Canadá, Australia, Europa, y América del Sur. Los mercados emergentes de gran población también representan un gran potencial; entre estos: Asia, India, Rusia, y China.

☆ Casi todo producto o servicio imaginable está disponible mediante canales de venta directa. Los productos para el hogar son el rubro de mayor consumo, con una participación del 33.5%. En este tipo de venta se encuentran productos de limpieza, utensilios para cocina, elementos de decoración, varias clases de alimentos y también artículos para el cuidado de las mascotas. Los productos para el cuidado personal, como por ejemplo, artículos para la piel, cosméticos, fragancias y joyería, ocupan el segundo puesto con una participación del 28.2%. El sector de los servicios —por ejemplo servicios financieros, viajes y comunicaciones— aportan un 15.5%. La rama del bienestar en la que se incluyen posibilidades de venta como suplementos nutricionales, bebidas, y programas para perder peso, agregan un 15.4% de participación. Los productos para la diversión así como los educativos, contribuyen un 7.4%.

☆ Cuatro de cada cinco personas que participan en el sistema de ventas directas son mujeres, y el 10% de los negocios opera como sociedades, principalmente compuestas por parejas casadas.

☆ Desde la perspectiva comercial y de impuestos, los vendedores directos están clasificados como independientes, es decir, operadores o contratistas autoempleados, para los cuales también se utiliza una amplia variedad de términos con los que se denomina su actividad, por ejemplo, representantes, distribuidores, asociados, coordinadores, consultores, especialistas, consejeros, o propietarios de negocio. Sus ingresos provienen de comisiones, bonos y beneficios sobre las ventas personales y de grupo, los cuales típicamente funcionan en una escala ascendente. Cuanto mayor es su salario, mayor es el porcentaje que obtienen.

☆ El mercadeo en redes (también conocido como mercadeo multinivel) es una extensión de la *venta directa*. Mientras que la expresión venta directa se refiere a la forma como se venden los productos, las expresiones *mercadeo en red o multinivel* se refieren a la manera en que se hacen los pagos debido a que la persona construye su propia organización.

☆ Adicionalmente a recibir un pago por las ventas directas que usted haga, usted también obtiene un ingreso por las ventas que hagan las personas que usted vincule (auspicie, asocie o patrocine) al negocio. Esto incluye a aquellos que usted vincule directamente (personas que usted personalmente auspicia) así como a los vinculados de forma indirecta (personas que sean vinculadas por quienes usted ha auspiciado). Tanto las personas vinculadas directa como indirectamente por usted pertenecen a la organización que usted encabeza.

☆ La expresión *margen de anchura* se utiliza para describir a las personas que usted auspicia personalmente (sus primeros niveles) y el término *profundidad* describe a las personas vinculadas por sus primeros niveles, así como sus segundos niveles, terceros niveles, etc.

☆ La expresión *pie* describe la genealogía de sus auspiciados, es decir, la gente vinculada por cada uno de sus primeros niveles. Cuanto mayor *sea* su rango en el plan de compensaciones, mayor será el porcentaje que usted gane de parte de sus auspiciados.

☆ La corporación pagará directamente a todo contratista que firme un acuerdo de venta directa, de mercadeo en red o como agente comercial. Los pagos estarán establecidos en el plan de compensaciones (a veces conocido como plan de mercadeo). La mayoría de estos planes ha sido escrita por lumbreras que son más expertos en calcular números que en comunicar sus ideas. Si encuentra que su plan es confuso, haga lo que hace la mayoría de la gente, pídale a alguien que se lo explique.

☆ Pero ésta es la parte emocionante: aproximadamente el 50% de los ingresos por productos vendidos proviene de las comisiones que usted recibe por las personas que ha vinculado y entrenado.

☆ ¿Cómo es que las empresas de mercadeo en red logran redistribuir la mitad de sus ganancias a la vez que mantienen la calidad y la integridad de sus productos? La respuesta es sencilla: mientras que los comercializadores tradicionales dependen de la publicidad en los medios, en los patrocinios y en la publicidad de las celebridades para promocionar sus productos y servicios (piense en los dos millones y medio de dólares que se pagan por *un* comercial de treinta segundos en la Supercopa), las corporaciones de mercadeo en red le pagan a usted por compartir con otras personas su experiencia, convicción y entusiasmo por sus productos.

☆ Pero hay más. A diferencia de los infortunados vendedores al detal que deben comprar y almacenar los productos que han de vender, los comerciantes en red no necesitan tener inventario, o si acaso muy poco. La corporación se encarga de la producción, del empaque, del inventario y del envío. Muchas empresas envían los productos directamente a los clientes, liberándole a usted de actividades innecesarias para que pueda concentrarse en hacer aquello por lo cual se le paga, es decir, vender los productos y vincular y entrenar a otros para que hagan lo mismo. Muchas empresas también reenvían productos a sus clientes sobre una base regular, más sin embargo, usted también recibe comisión por esas ventas.

☆ Las personas que trabajan en el sistema de ventas directas no tienen que preocuparse por el costo de las devoluciones ni por solicitudes de reemplazo. La corporación se hace responsable de los reembolsos y de los cambios de producto.

En ocasiones uno se encuentra con un prospecto que está confundido sobre la diferencia entre el mercadeo en red y la venta piramidal. Explicado de forma breve, el mercadeo en red es una actividad comercial legítimamente establecida, mientras que las ventas piramidales no lo están.

Los esquemas piramidales (o esquemas Ponzi) estimulan y recompensan a las personas cuando existe muy poco o ningún valor por sus productos y servicios. Son sistemas ilegales porque seducen a los incautos y los someten a un esquema en el que por lo general se pierde el dinero. No obstante, dado que de vez en cuando dichos sistemas surgen aquí o allá, es bueno estar informado para saber identificarlos.

Algunos esquemas son presentados en forma de juego para embaucar a los incautos. Por ejemplo, está el juego del avión, donde se estimula a los participantes a vender las "sillas" de un "avión" imaginario. Cuando usted llene su "avión", usted recoge el dinero, mientras que los que compraron "sillas" deben llenar sus propios aviones. Suena ilógico, y lo es; lo que demuestra que algunos son unos completos aprovechados.

La oferta de los llamados coleccionistas de piezas que cotizan a un valor mucho más alto del valor real, es otro esquema diseñado para hacer ricos a sus originadores a expensas de las demás personas.

Cualquier esquema que anime a sus participantes a comprar grandes cantidades del producto (llamado *cargue frontal*), lo que usualmente termina sin venderse en un sótano o un garaje, se considera una pirámide.

Los esquemas piramidales atraen a personas codiciosas, perezosas e incautas bajo la oferta de grandes comisiones y bonos, basados en el volumen de producto que se compre inicialmente. Si parece demasiado bueno para ser realidad, probablemente lo es. Tanto los originadores como los participantes en estos esquemas Ponzi pueden estar seguros de terminar en la prisión.

En una red de mercadeo genuina o en un negocio en el que se actúa como agente comercial, todas las recompensas se basan en las ventas. Si usted vincula a una persona y esa persona no vende, entonces usted no gana nada. Usted no obtendrá ningún pago, sin importar cuánta gente auspicie, a menos que ellos vendan el producto.

Lo que usted gane en las ventas proveniente de sus auspiciados y es la recompensa por encontrarlos, entrenarlos y apoyarlos; eso ocurre de la misma manera que un profesional es recompensado por liderar sus responsabilidades. Ello no afecta las ganancias de sus auspiciados y ellos tienen exactamente la misma oportunidad que usted tiene de construir su propia organización.

Mientras más sepa usted sobre sus productos y su negocio, mejor equipado estará para promoverlo. Su corporación deberá contar con un caudal de materiales imprimibles o descargables sobre los productos y sobre la oportunidad de negocio que representa. Usted también tendrá acceso a convenciones, reuniones, seminarios, así como tele entrenamiento y capacitación a través de la red. Quien le vinculó a usted (su patrocinador), también puede ser una fuente abundante de conocimiento práctico.

Este libro se concentra en el tema de auspiciar o vincular personal. Si usted necesita ayuda respecto a la manera como debe conformar su organización, le recomiendo leer el libro *Be a Network Marketing Superstar*. Usted puede descargarlo desde mi sitio web (www.marychristensen.com), donde también podrá registrarse para recibir mi revista electrónica (e-zine). El conocimiento genera credibilidad. Cuando su confianza en su oportunidad de negocio se base en una perspectiva amplia de la industria, usted logrará conectarse con más prospectos.

Si tuviera que vivir de nuevo escogería ser comerciante de bienes más que ser estudiante de ciencia.
—ALBERT EINSTEIN

CAPÍTULO 5

Prepare sus herramientas

USTED NUNCA SABRÁ DE ANTEMANO cuándo va a conocer a un nuevo prospecto, de modo que la recomendación es mantener las herramientas de patrocinio listas para aprovechar las oportunidades cuando se presenten.

No haga las cosas de la forma difícil. Seleccione los materiales que su compañía ofrece y decida con cuáles se relaciona mejor. Inundar a los prospectos con demasiada información no contribuye a la causa.

Estas son las herramientas básicas que debe tener con usted todo el tiempo:

☆ Tarjetas comerciales. Son esenciales. Hágalas sencillas y asegúrese que describen lo que usted hace —por ejemplo: *Distribuidor independiente de [...] artículos spa para el hogar.* Si usted lo considera conveniente las tarjetas necesitan presentar información adicional como la siguiente: "Consultas gratis sobre cómo transformar su tiempo libre en un negocio rentable", "Obtenga ingresos por... perder peso / ser un coordinador de modas / convertirse en un especialista herbal / participar del gran negocio del chocolate".

☆ Debe mantener a la mano copias de artículos de periódico o de revistas donde se hable de su compañía. Materiales producidos por terceros como revistas, periódicos, discos compactos o videos que acrecientan su credibilidad. Muchos editores independientes se especializan en crear materiales de apoyo para los comercializadores en red. Tenga una vista preliminar antes de contratar sus servicios ya que los estilos, la calidad y el contenido varían.

☆ Lleve folletos que indiquen los incentivos del plan, como por ejemplo un crucero por el Caribe. Las promociones llamativas introducen el elemento de la urgencia y hacen que un prospecto indeciso se convierta en un vinculado comprometido.

☆ Un resumen del plan de compensaciones. La versión abreviada es mejor que el plan completo, el cual resulta confuso y aleja al prospecto.

☆ Información sobre reuniones, entrenamiento o seminarios próximos a realizarse. Mantenga impresas algunas invitaciones que indiquen que es beneficioso traer un invitado o un amigo.

☆ Acuerdos con su nombre y número de identificación de representante, diligenciados y listos para firmar.

☆ Un kit de principiante en su empaque original. Las cajas de cartón no generan mucho entusiasmo, ni tampoco las capas de papel reciclado o espuma en trozos. Lleve el kit de principiante en un empaque atractivo y mantenga su literatura en una carpeta que se despliegue fácilmente.

☆ Lleve una muestra de sus productos clave de modo que los prospectos interesados tengan la posibilidad de probar los productos al instante. Diga: "¿Te gustaría probar los productos? Estos son los más populares y su valor normalmente es de $60 dólares. Pero dado que aprecio que te hayas reunido conmigo, te los daré por sólo USD $50". (Ahora usted puede crear una razón para mantenerse en contacto, diciéndole a su prospecto, "¿Cómo te pareció el producto?").

Una lista con viñetas actualizada detallando los beneficios e incentivos vigentes que obtendrán los nuevos auspiciados al momento de firmar. Mantenga esta lista en su computador personal de modo que sea fácil modificar las promociones e incentivos según ocurran cambios en el plan. Cada beneficio adicional incrementará la percepción de valor en el kit de principiante y los diferentes beneficios atraerán a diferentes prospectos, de modo que tenga la lista completa.

Este es un ejemplo fácil de adaptar según sus circunstancias:

1. Una selección de nuestros mejores productos que valen más de USD $600.

2. El manual de entrenamiento completo.

3. Suficiente literatura y formatos para su primer mes en el negocio.

4. Un día completo de seminario sobre cómo iniciarse en el negocio.

5. Sesiones televisadas (o seminarios en la web) todos los meses.

6. Un bono de regalo por USD $50 si hace su primer pedido en los primeros 30 días.

7. Un bono de regalo por USD $75 por vincular a un amigo en los primeros 60 días.

8. Una subscripción mensual a una revista.

9. Su propio sitio web —el primer mes es gratis y después de eso usted sólo paga USD $ [...] por el servicio mensual.

10. Acceso en línea directo al sitio web de la compañía para obtener noticias, actualizaciones, saber sobre eventos y ofertas especiales que se hacen disponibles únicamente a través de la web.

11. Acceso directo a revisar sus propios resultados de ventas y de vinculación.

12. Una invitación a la convención anual (este año es en Las Vegas).

13. La oportunidad de obtener unas vacaciones gratis (este año es en las Bahamas).

14. Un entrenador personalizado sobre el negocio. ¡Esa soy yo! Yo estoy aquí para darle todo el soporte que usted necesite.

... ¡Y todo eso por una inversión de sólo USD $300!

☆ P.D. No olvide su agenda. Sin citas no hay negocios.

CAPÍTULO   6

Desarrolle su propia historia personal de éxito

LA MEJOR HERRAMIENTA con la que usted cuenta para promover su negocio es usted mismo. Todo el mundo prefiere escuchar experiencias de la vida real a cambio de tener que escuchar discursos. Cuando uno comparte su experiencia, la gente lo escucha. Estas historias verídicas son un testimonio del poder que tienen las experiencias de la vida real.

La historia de David

La carrera como diseñador gráfico de David se vio truncada en un instante cuando un conductor descuidado se pasó el semáforo en rojo y chocó el auto de David, afectando irreversiblemente sus manos por las quemaduras que se generaron en el accidente.

A pesar que los médicos recomendaron injertos de piel para reparar el daño, un amigo de David le sugirió que intentara primero con una nueva línea de productos para la piel. Dado que David enfrentaría meses de cirugías costosas y doloras decidió que no tenía nada que perder.

Varias veces al día masajeaba su piel con el bálsamo que se le suministró. Para documentar su progreso y para mantener arriba el ánimo de David, su esposa tomaba fotos del progreso. A medida que las heridas sanaban emergió nueva piel de debajo de las cicatrices. Se hizo evidente que ya no era necesario someterse a ninguna cirugía.

Las fotos produjeron un testimonio sobresaliente de los productos. David quedó tan sorprendido con los resultados que él mismo empezó a venderlos, y muy pronto comenzó a tener un negocio floreciente. Para vincular a otros a la oportunidad, él muestra sus fotos y deja que la evidencia hable por sí misma.

La historia de Ángela

Como jugadora de voleibol de playa, Ángela prácticamente vivió bajo el sol varios años durante su juventud. Pero cuando cumplió cuarenta años empezó a experimentar las consecuencias. Comenzaron a aparecerle varias manchas oscuras en su rostro, pecho y brazos.

Al principio Ángela intentó cubrir las manchas con maquillaje pero su piel se veía apagada y encurtida.

El dermatólogo le recomendó un programa para el cuidado de su piel para desvanecer las manchas y protegerla de exposición adicional al sol. En pocas semanas, las manchas de Ángela desaparecieron y su piel se veía fresca y reluciente de nuevo.

Ahora Ángela es distribuidora mayorista de los productos.

La historia de Catherine

Cuando Catherine supo sobre la reunión de egresados su entusiasmo se transformó rápidamente en pavor. La última vez que había visto a sus compañeras de clase era talla seis y era la porrista principal del equipo. Pero ahora pesaba 90 kilos.

Luego de pasar una noche sin dormir, Catherine decidió que si había un momento para hacer algo respecto a su peso, ése era el mejor momento. Llamó a una amiga que recientemente se había hecho consultora sobre bajar peso y se inscribió en el programa. Todos los días remplazaba dos comidas con un batido balanceado nutricionalmente y caminaba varios días de la semana durante 30 minutos. A pesar que aquello le resultó difícil, perdió cinco kilos en menos de un mes.

Cuando sus amigos vieron lo bien que se veía, todos querían conocer su secreto. Catherine rápidamente se dio cuenta del potencial de compartir su experiencia de modo que decidió empezar ella misma a vender el programa. Así, no sólo consiguió comprar sus propios productos a un menor precio, sino que también obtuvo suficiente dinero para comprar un nuevo guardarropa.

Catherine asistió a su reunión de egresados con 15 kilos menos y llevando puesta ropa que jamás había soñado comprar. Varias de sus antiguas compañeras de estudio comentaron lo bien que se veía.

Para promover su negocio Catherine lleva tres fotos con ella: la foto de cuando estaba "obesa" que se tomó el día que inicio el programa, la foto de la reunión de egresados y una foto que se tomó en Hawái en un viaje que se ganó por las ventas, en la que lleva puesto un vestido de baño rojo talla seis.

Las experiencias de la vida real siempre son más persuasivas que los mismos hechos, cifras y estadísticas. Su historia será más poderosa en la medida que su relato sea vívido e interesante.

Si su historia no es tan dramática, con preparación y acierto tiene la manera de crear un testimonio atrayente. Empiece a desarrollar su historia contestando las siguientes preguntas:

☆ ¿Por qué empezó a utilizar los productos?

☆ ¿Qué cambió ocurrió cuando empezó a utilizarlos?

☆ ¿Qué estaba haciendo usted antes de iniciarse en el negocio?

☆ ¿Qué le impulsó a iniciarse en él?

☆ ¿Cuáles eran sus temores?

☆ ¿Cómo se resolvieron?

☆ ¿Qué desafíos enfrentó usted?

☆ ¿Cómo los venció?

☆ ¿Cómo ha cambiado su vida desde que inició el negocio?

☆ ¿Qué experiencias ha tenido como resultado de participar en él?

☆ ¿Cómo ha beneficiado el negocio a su familia?

Si le parece que es demasiado pronto para construir su historia probablemente le ayuden las siguientes preguntas:

☆ ¿Qué diferencia espera usted que los productos hagan en su vida?

☆ ¿Qué desea que el negocio cambie en su vida?

☆ ¿A quienes más desea usted beneficiar con el negocio?

☆ ¿Cómo se beneficiarán?

☆ Hasta este momento, ¿cuál ha sido el punto más destacable de su negocio?

☆ ¿Cuál es la siguiente meta en la que estará trabajando?

☆ ¿Cuál es su meta más alta?

Si usted hace parte de un programa para el cuidado de la piel, para perder peso o en el que se promuevan productos nutricionales, tome fotos que documenten los cambios. Capture con su cámara eventos especiales que contribuyan a construir la historia de su negocio.

Todos tenemos una historia para contar y a todos nos encanta escuchar historias. Utilice sus experiencias y su imaginación para crear una historia que le dé vida a sus productos y a su negocio. Su sinceridad y entusiasmo resplandecerán mediante sus palabras.

PARTE II

Cómo identificar a los mejores prospectos

C A P Í T U L O   7

¡Esté listo para conectarse!

EN ESTE MOMENTO USTED ESTÁ LISTO para comenzar a trabajar en la parte más excitante del negocio: buscar los prospectos idóneos. Esto significa encontrar el tipo de personas correcto para su negocio porque su negocio es perfecto para ellas.

Cuantas más personas aborde usted, mayor número de ellas se vincularán. Pero el asunto no termina ahí. No todo el mundo que se vincule será productivo. Si usted vincula a diez personas, ¿cuántas de ellas terminarán produciendo muy poco o nada? Es posible que estas personas no tengan las condiciones que se requieren o es probable que se hayan vinculado por motivos equivocados. Teniendo en cuenta mi experiencia, tres de las diez personas encajan con esta descripción.

Eso deja dentro del cuadro a siete personas. ¿Cuántas de estas siete terminan trabajando menos del promedio de horas de la industria a la semana? Cinco es un estimado razonable.

Ahora quedan dos. Al término de seis meses, ¿se convierten estas dos personas en buenas productoras? Probablemente no. Un porcentaje alto de estos representantes se quedan sin batería porque no logran hacer la transición de vender a los amigos y familiares a tener que vender a una comunidad más amplia. En este punto, abandonan el negocio o venden algo muy mínimo. Digamos que uno de nuestro grupo queda por fuera del negocio en esta etapa del camino.

Este hecho deja a una sola estrella al año, ¡de un grupo de diez vinculados! Esto significa que usted tendrá que vincular un gran número de personas para tener las oportunidades necesarias de auspiciar las superestrellas que le ayudarán a hacer crecer su organización al mismo tiempo que usted les ayudará a hacer crecer la de ellas.

Las expectativas no representan en sí mismas un plan de negocio. Si lo que usted espera es que todo nuevo vinculado brille como una estrella para su negocio, lo más probable es que sufra una desilusión. Algunos alardean de sí mismos como si se tratara de un ciclón, pero cuando se trata de resultados, no alcanzan a ser ni una simple llovizna. Otros permiten que su mente se llene de sueños de modo que no dejan espacio para albergar la disciplina necesaria para triunfar.

Cuantos más prospectos tenga, mejores oportunidades habrán para conseguir el tipo de persona correcta. Existen tres clases de prospectos: calientes, tibios y nuevos.

Prospectos calientes

En este tipo de prospectos se incluye su lista actual de amigos, familiares, colegas, clientes, vecinos, así como las personas con las que usted interactúa regularmente —su peluquero, su entrenador personal, su asesor bancario, su médico, su odontólogo y la persona que entrega sus pedidos. Son prospectos calientes porque usted ya tiene algún tipo de relación con ellas, y por consiguiente puede apuntar a sus circunstancias específicas. Estas son las personas a quienes se llama primero.

Prospectos tibios

Para extender su negocio más allá de su círculo inmediato de amigos y conocidos, usted necesitará llegar a un número mayor de personas. Cada una de las personas de su círculo tiene su propio círculo, de modo que usted tendrá que encontrar la manera de acceder a ese grupo de personas. Si logra acceder a un gran número de estos círculos entonces tendrá un mayor potencial de nuevos prospectos tibios. Muchos programas para organizadores de eventos de promoción incluyen algunos beneficios y recompensas para los anfitriones por presentar a sus amigos.

Prospectos nuevos

Intente generar prospectos nuevos todo el tiempo, de modo que su negocio no se estanque y pueda continuar creciendo. Para construir su organización de forma eficaz se necesita de una persona nueva por día. Si usted se levanta todos los días teniendo presente que debe encontrar un nuevo contacto diario, entonces mantendrá sintonizada su antena y aprenderá a reconocer a los nuevos prospectos.

Y esta es la manera de comenzar. Los millones de representantes que ya están en el sistema de ventas directo, en las redes de mercadeo o que actúan como agentes comerciales, y los miles de nuevos que comienzan todos los días en estos ámbitos, proveen un gran caudal de información respecto a *quiénes* son los que se interesan en el negocio, *por qué* se unen y *cómo* es que se les debe abordar para aumentar las posibilidades de una respuesta afirmativa.

¿Se puede predecir qué tipo de personas están más dispuestas a participar del sistema de ventas directas? ¡Por supuesto que sí! La información que he recopilado durante veinticinco años en una amplia variedad de industrias me ha permitido construir una visión bastante clara para identificar los mejores prospectos.

A continuación explicaré por qué son los mejores prospectos y lo que se debe hacer y decir para convertirlos en vinculados. Hasta demostraré cómo hacer preguntas que permitan que el prospecto se identifique a sí mismo.

A veces va a encontrar prospectos que encajen tan bien con su negocio que de inmediato se prenderá la alarma en su mente: "¡Alerta, prospecto caliente a la vista!" El punto es que estas personas son tan buenas que usted no será el único que verá su potencial. Lo que determinará que ellos se vinculen con usted y no con otro patrocinador será la forma como usted se conecte con ellos a nivel personal.

En otras ocasiones usted va a encontrar prospectos cuyo potencial sea menos obvio y hasta esté escondido. Pero no se desanime. Únicamente porque un prospecto esté enviando señales débiles eso no significa necesariamente que la persona sea un mal prospecto. El hecho de que otros vinculadores menos experimentados pasen por alto el potencial de esa persona puede convertirlo en un gran prospecto para usted.

Como hemos de suponer, todas las empresas son muy diferentes. Cada empresa tiene su propia visión, cultura, rango de productos y plan de acciones. Sin embargo existen algunos denominadores comunes que subyacen al tema de la vinculación. Estamos a punto de considerar esos factores comunes.

A medida que avance en su búsqueda de personas a las cuales vincular, apunte a lograr el balance. Los negocios necesitan de líderes y de seguidores, de personas fervorosas y de personas más moderadas, de personas llenas de entusiasmo y de personas más tranquilas. Los negocios que dependen de una base muy estrecha son muy inestables.

El negocio de las redes de mercadeo no funciona de forma distinta. Arroje su red más allá del plano familiar y de los objetivos obvios y fáciles de alcanzar. Cuando extienda sus límites y el número de personas que vincule, su negocio será menos vulnerable al desempeño, al comportamiento y a los caprichos de algunos. Cuanto más diversa sea su organización, más atractiva será para un sector mayor de la población.

C A P Í T U L O   8

Vincule a sus clientes

EL PRIMER LUGAR A DONDE ACUDIR para vincular personal es con sus clientes actuales. Más de la mitad de los nuevos vinculados salen por la puerta que dice "*Clientes*". Ellos han utilizado el producto y lo han disfrutado, de modo que están en la capacidad de venderlo con facilidad.

Los compradores tienen demasiado de donde escoger. Sea que estén buscando calidad, cantidad o una ganga, siempre hay un producto y un precio que encaje con sus deseos. En la actualidad los clientes están más informados, son más analíticos y menos susceptibles a cambiar de opinión.

Uno puede asumir con bastante seguridad que cuando alguien elige comprar su producto es porque le gusta. También se puede asumir que cuando una persona le compra a uno es porque uno es del agrado de esa persona, de lo contrario no le estaría comprando.

La mejor forma de promocionar un producto es mediante la publicidad voz a voz de parte de las personas que lo han utilizado y que han quedado complacidas de utilizarlo. El mercadeo en redes no es nada distinto a eso con la excepción de un detalle significativo. Los comercializadores tradicionales no pagan a la gente por promocionar sus productos, no obstante los comercializadores en red sí lo hacen. ¿Dónde mejor buscar personas que vendan sus productos que entre aquellos que ya los usan y los disfrutan?

No todos los prospectos resultarán ser grandes consumidores pero usted necesitará usuarios leales así como promotores que le ayuden a construir su negocio. Las estadísticas de la industria indican que siete de cada diez representantes siempre tendrán una participación mínima en el negocio. Pero no permita que este hecho le desanime. Los participantes pequeños suman un buen porcentaje de ventas en la mayoría de las organizaciones de mercadeo en red. Y dado que a usted se le paga por el total de las ventas generadas en su organización, no interesan en realidad cuántos representantes contribuyen al total de su volumen de ventas. Cuantos más tenga, mucho mejor para usted.

Los comercializadores en red se clasifican en cinco categorías:

1. **Quienes compran para uso propio.** Estos compradores se inscriben para comprar productos para su uso personal a precios de distribuidor. Sus motivaciones son los descuentos que obtienen por comprar directamente y por la comodidad que resulta de recibir los productos en su propia casa. Las mejoras en el sistema de distribución, así como la posibilidad de hacer pedidos automáticos directamente desde la corporación, han incrementado dramáticamente el número de compradores desde su propio hogar.

2. **Clientes que se sienten muy satisfechos con el producto.** Estos clientes a la vez que compran los productos para uso personal, los promueven en su círculo pequeño de amigos y familiares. Su motivación es la complacencia con los productos y la oportunidad de comprarlos a un menor precio o hasta de obtenerlos sin tener que pagar por ellos.

3. **Representantes.** Los vendedores activos están motivados por el ingreso que ganan vendiendo a una base regular de clientes mediante representantes o mediante las redes.

4. **Gerentes.** Estos representantes estelares obtienen ingresos y recompensas regulares, lo que incluye automóviles y vacaciones por satisfacer la demanda de sus propios clientes y por vincular y entrenar a otros representantes para que hagan lo mismo.

5. **Desarrolladores de negocio.** El objetivo de estos comercializadores de altos ingresos es encontrar y capacitar personal que se desempeñe en el cargo de gerente. A los desarrolladores de negocio les motiva el reconocimiento, los ingresos y las recompensas que se obtienen por la venta de un volumen alto de productos a través de su propia organización. Se convierten en modelos que inspiran a otros a llegar más alto.

Aunque los clientes se unen por razones diferentes y con aspiraciones diferentes, lo que los hace iguales es su gusto por el producto. Esto hace que cada cliente se convierta en un prospecto caliente.

Los siguientes siete pasos a continuación le ayudarán a lograr que más de sus clientes se conviertan en distribuidores:

1. **Suminístreles servicio de forma constante.** La mayor recompensa por servir bien a sus clientes es la de obtener nuevos distribuidores. Sea proactivo. No espere a que sus clientes le llamen. Cuando venga en promoción un producto que usted sabe que a uno de sus clientes le gusta, contáctelo de inmediato. Hágale saber a su cliente que él o ella están primero en su lista.

   Si tiene a muchos clientes para llamar todos los meses, manténgase en contacto enviándoles un correo electrónico. Si su compañía publica un boletín mensual, suscriba a sus clientes a dicho boletín. Haga lo necesario para que ellos recuerden su nombre de forma constante. Las manifestaciones espontáneas como las tarjetas de cumpleaños y las notas de agradecimiento son muy apreciadas por los clientes. Nunca subestime el poder de una nota personal o de una muestra gratis para demostrar que usted aprecia el hecho de que ellos quieran hacer negocios con usted.

   Cuando se tiene una medida de contacto regular con los clientes es más fácil abordarlos en cualquier momento y adaptar el encuentro a las circunstancias. Los clientes se hacen más receptivos al momento en el que se les llama dado que se ha establecido una relación previa con ellos.

2. **Aproveche todas las oportunidades que se le presenten para sembrar las semillas de su negocio.** En cada llamada utilice una o dos frases que generen recordación. No sea autoritario. Se puede decir mucho en unos pocos segundos. Cada "semilla" destaca un aspecto diferente del negocio. Observe los siguientes ejemplos:

> "Me gusta mucho ayudar a la gente a comprar sus productos de manera directa y (nombre de la compañía) es una empresa muy agradable con la cual trabajar".

> "Yo estaba buscando un empleo de medio tiempo y nunca me imaginé que encontraría una carrera tan satisfactoria como ésta. Me encanta la libertad de trabajar cuando quiero y de escoger con quienes deseo trabajar".

> "Trabajar desde casa significa que puedo deducir mis gastos de mi impuesto de renta".

3. **Mantenga bien sintonizada su antena para detectar a los mejores prospectos.** Pida retroalimentación a sus clientes. Si su cliente dice: "Me encantan los productos", usted debería responder: "A mí también me fascinan. Por eso es que elegí a (nombre de la compañía) cuando inicié el negocio. Nunca creí que me pagaran tan bien por recomendar los productos que me gusta utilizar".

Tenga presente que no a todo el mundo le gusta andar publicitando su preferencia por un producto. Sólo hasta cuando se solicita retroalimentación de parte de los clientes, se descubre quienes son los que están muy complacidos con el producto, ya sea que lo publiciten abiertamente o sean del tipo de personas tranquilo que casi no hablan del tema. Cuando usted sepa quiénes son estas personas, puede empezar el proceso de hacerlos partícipes del negocio. Asegúrese de empezar ese proceso de forma suave y transicional. Es posible que al principio no sea tan evidente todo el potencial de sus clientes. Las encuestas de la industria revelan que hasta un 90% de los vendedores directos empezaron focalizándose en metas pequeñas y a corto plazo. Muchos clientes que al principio eran compradores ocasionales con el tiempo se convirtieron en vendedores muy productivos y hasta en gerentes cuando descubrieron la dinámica del negocio y aprovecharon el liderazgo, entrenamiento y apoyo inspirador de quien les auspició en el negocio.

4. **No se apresure al momento de presentar su oferta de vinculación.** Inicie la invitación con una frase sencilla, como la siguiente: "Primero que todo quiero agradecerle por ser uno de mis mejores clientes…", asegúrese de utilizar el tono de voz apropiado.

Continúe con un cumplido sincero como: "Siempre es muy agradable conversar con una persona como usted que es tan llena de entusiasmo y tan abordable".

Ahora sea directo y explique sus intenciones. Pudiera preguntar: "¿Alguna vez ha pensado en ser representante? De todos mis clientes usted es una de esas personas con las cuales me gustaría trabajar". O también algo como: "Siempre estoy en busca de personas modelo/llenas de entusiasmo como usted". Si la respuesta es positiva, usted va por buen camino.

5. **Escuche cuidadosamente.** Si el prospecto dice: "Sí, pero…", o "Tal vez esto no sea para mí, porque…" usted estará listo para recibir información valiosa. Escuche sin interrumpir y asegúrese de enterarse de cuál puede ser la objeción.

Una respuesta como "Yo no sería capaz de hacerlo", indica en muchos casos falta de confianza. Evite la tentación de minimizar las inquietudes del prospecto. Decir, por ejemplo: "¡Pero si tú puedes!", es una respuesta poco afortunada porque es factible que atropelle los sentimientos de la persona y eso no va a contribuir en nada a su favor. Sin embargo, preguntar: "¿Qué te hace sentir así?", demuestra verdadero interés.

Una respuesta como: "Creo que las ventas no son para mí", presenta una oportunidad de conversar sobre los trabajos pasados de la persona. Aproveche para formular las siguientes preguntas:

¿Cuál es el mejor trabajo que usted ha tenido?

¿Qué era lo que más le gustaba de ese trabajo?

¿Cuál era la parte que menos le gustaba? ¿Por qué?

¿Cuál es el tipo de trabajo perfecto para usted?

6. **Adapte su oferta a la personalidad del cliente.** Por ejemplo, si su cliente es ingenioso, utilice un enfoque creativo.

Diga algo como: "¿Le gustaría ir a Maui? ¡La compañía lanzó una promoción y los que califiquen van gratis! Pocos de nosotros estamos trabajando por esta meta y contar con un ingenio como el suyo sería una maravilla".

El propósito de esta primera charla es establecer una entrevista, no vender el negocio, de modo que evite cargarse de entusiasmo exagerado y excederse. Si la conversación está yendo bien —deténgala. El punto cumbre de la conversación es el momento perfecto para decir: "¿Qué tal si nos reunimos un rato y hablamos más del asunto? Este negocio no es para todo el mundo, pero yo tengo la convicción de que usted encaja perfecto en él. Necesitamos gente con su credibilidad/entusiasmo. En unos pocos minutos usted va a determinar si esta oportunidad es para usted".

Así, usted ha elogiado al prospecto y ha apartado el estrés de su enfoque dejando claro que no va a presionarlo. Aun en el caso en que la persona decline la invitación, él o ella se habrá sentido halagado por haber sido considerado para esta opción.

7. **Mantenga contacto con sus clientes a pesar de que ellos ya se hayan vinculado y empezado a recibir pedidos de productos de forma directa.**

Cuando un cliente se vincula, usted empieza un tipo de relación completamente nueva con esa persona. Una vez que el cliente esté en el primer peldaño de la escalera, guíelo a través de los siguientes escalones.

Para convertir a un cliente en un comprador desde su casa, busque la ocasión para decirle: "Usted es uno de mis mejores clientes, ¿le gustaría adquirir sus productos al por mayor?"

Para convertir a un comprador desde su casa en distribuidor, propóngale: "¿Sabía usted que es posible ganar lo suficiente y recibir sus productos gratis, simplemente mediante atender a unos cuantos clientes?"

Para convertir a su distribuidor en representante, déjele saber a esa persona que a usted le impresiona el volumen de sus ventas. Luego de varios meses de ventas sostenidas, exprésele que: "Usted es un vendedor por naturaleza", o "Su entusiasmo es contagioso. ¿Le gustaría ganar USD $500 extras al mes?"

El paso entre ser representante y gerente es un paso corto en la escalera del negocio, porque la única diferencia es aprender a compartir su entusiasmo y habilidades con otros. Dígale a su representante: "Reunámonos la próxima semana. Quiero hablar con usted sobre llevar el negocio un paso más allá. Creo que usted sería un gran gerente".

Usted no va a experimentar problemas al convertir a los gerentes en promotores del negocio. Simplemente explíqueles los beneficios que se obtienen de recibir altos ingresos, y el entusiasmo subirá como espuma.

C A P Í T U L O   9

Vinculando más gente en los eventos de promoción

SI USTED ES ORGANIZADOR DE EVENTOS DE PROMO-
CIÓN no hay mejor lugar para encontrar nuevos clientes que en los
eventos. No importa si se trata de muestras comerciales, conferencias,
presentaciones, consultorías o demostraciones. Los eventos son los lugares por excelencia para conocer nuevas personas. Sin importar cuánto esfuerzo se invierta en ello, no habrá mejor momento para vincular
a otros que en los eventos.

Los eventos de promoción representan grandes oportunidades
para vincular personal. Sus prospectos ya han calificado como tales por
el simple hecho de asistir al evento. Y esta es la mejor parte: a la vez que
obtiene ingresos por las ventas que haga en el evento mismo, estará en
un contexto en el que será fácil buscar nuevos prospectos, de modo que
no hay nada que perder.

Si usted no trabaja en la organización de eventos de promoción, no
piense que este capítulo no es para usted. Tanto los clubes, las iglesias,
las organizaciones comunitarias como las asociaciones de profesionales,
todos necesitan oradores que tengan una historia interesante para compartir. Adapte las ideas a continuación a cualquier grupo o situación.

Existe un número ilimitado de razones por las cuales una persona asiste a un evento de promoción. Entre éstas se incluyen:

☆ A la persona le gusta asistir a eventos de promoción.

☆ Es amiga del anfitrión del evento.

☆ No había nada bueno en la TV.

☆ Es víctima de un chantaje emocional.

☆ Le interesan sus productos.

☆ Ya es cliente y quiere hacer un pedido.

☆ Desea alejarse un rato de su cónyuge y de sus hijos.

☆ No pudo excusarse para no asistir.

☆ La persona está planeando su propio evento.

☆ Está buscando un empleo de medio tiempo.

☆ Todos sus amigos iban a asistir.

Como verá, existen muchísimas razones por las cuales asistir. Pero no importa la razón por la cual el invitado haya asistido. Usted cuenta con una audiencia y una oportunidad increíble para hacer que la gente se interese en su negocio. Cada uno de los asistentes es en potencia alguien a quien es posible vincular al negocio. Desde el primer prospecto que es el anfitrión, hasta el prospecto accidental que nunca consideró la idea de unirse al negocio hasta cuando se le plantaron las primeras semillas de la idea.

Siga estos doce pasos para hacer de cada evento un festín de vinculaciones:

Paso uno

Asista a cada evento con la disposición de buscar prospectos. Desde el momento de la reservación, cuando se esté preparando junto con sus colaboradores para el evento, cuando vaya conduciendo a casa, cuando esté descargando los materiales del evento, cuando abra la puerta; en todos esos momentos concéntrese en su meta: "Hoy voy a identificar tres prospectos y uno de ellos va a ser mi próximo auspiciado".

Paso dos

Cuantos más invitados tenga el evento de promoción, mayores serán sus posibilidades de encontrar prospectos, de modo que haga todo lo necesario para que el número de invitados sea tan grande como sea posible. Utilice un programa de recompensas de anfitriones, para estimular al anfitrión que más agrande su lista de invitados. Ofrézcale recompensas extras y haga todo lo que esté a su alcance por llenar la sala.

Si el número es pequeño, anime a su anfitrión a pensar en aquellos que quizás se le hayan pasado por alto.

"¿Usted invitó a los profesores de su hijo / a la esposa de su jefe?"

"¿Qué hay de los amigos de sus hijos? Tal vez sus padres quieran saber de usted un poco más".

"¿Hay alguien en el club de golf / club de lectura / iglesia a quien usted le gustaría invitar?"

Mantenga a su anfitrión animado mediante preguntas como: "¿Ha escogido los productos gratis que se ofrecen? Mi deseo es que tenga lo mejor posible".

Un número pequeño de asistentes es mejor que no tener nada, de modo que si su anfitrión está luchando con la idea de que su número de invitados es demasiado pequeño, diga: "No se preocupe. Yo reservé la fecha para usted y va a ser un poco difícil reservar para más adelante en tan corto tiempo. La vamos a pasar bien aunque el número de invitados sea pequeño. ¿Ha pensado si va a invitar a su médico, a su cuñada o a su estilista? ¿Tiene usted un nuevo vecino a quien le gustaría incluir en la lista? ¿Hay alguien en el gimnasio con quien se la lleve muy bien? ¿Qué hay de la recepcionista de su edificio?"

Ofrezca incentivos de último minuto para animar a su anfitrión a agrandar el grupo. Puede decir:

"Si trae dos invitados más, le ofrezco (un descuento extra, o un detalle adicional)".

"Hágales saber a sus invitados que tengo un regalo para quienes traigan un amigo".

La razón número uno por la que los invitados no asisten a un evento de promoción es porque se les olvidó el asunto. Reduzca ese riesgo enviándoles un correo electrónico la noche anterior al evento. Utilice frases como las siguientes:

Hola Mary,

Gracias por asistir al evento de promoción de Sonia, estoy ansiosa de verte. Vas a disfrutar (agregue una frase resaltando lo más destacado del evento).

Nos vemos el martes a las 7 p.m. Sé que tu tiempo es muy valioso, de modo que me he asegurado que el evento termine a las 8:30 p.m.

Sara

P.D. Si traes un invitado que no esté en la lista tendré algo especial para ti.

Llame telefónicamente a los invitados que no tengan dirección electrónica y deje un mensaje de voz si no los encuentra.

Paso tres

Prepárese para auspiciar a otros. Lleve consigo al menos tres kits de negocio al evento con información al respecto y un regalo que aumente el llamativo visual, como por ejemplo, alguna novedad no costosa (dé un vistazo en la tienda de descuentos local y obtenga algunas gangas o distribuya productos que haya comprado anteriormente cuando han estado en promoción). Lleve los productos en empaques llamativos y asegúrese de ponerlos en un lugar destacado en la fiesta.

Los paquetes servirán no sólo como un recordatorio visual poderoso para usted en el sentido de que su prioridad es la de identificar prospectos, sino que también llamará la atención de los invitados y despertará su curiosidad.

Paso cuatro

A medida que transcurra el evento, pregúntele a su anfitrión cuáles invitados considera él que podrían convertirse en organizadores de eventos de promoción. Cuanta más información tenga, mayores probabilidades de hacer conexión. Por cada persona que se mencione, existe la posibilidad que usted le pregunte al anfitrión: "¿Por qué considera usted que es una buena opción?"

Paso cinco

Inicie el proceso de vinculación en el momento en el que el primer invitado entre al recinto. A medida que entre cada invitado, pregúntese: "¿Será esta persona mi siguiente prospecto?"

A todos nos agradan las personas a las que nosotros les agradamos, de modo que sea cálido y demuestre interés. Lo que usted aprenda sobre cada persona se convierte en la base sobre la cual establecer una relación de uno a uno hacia el final del evento. Pregúntese:

"¿Con quién disfrutaría trabajar más?"

"¿Quién parece ser la persona más interesante?"

"¿Quién demuestra estar más interesado?"

"¿Quién es la persona más amigable?"

"¿Quién parece que quisiera cambiar de trabajo?"

"¿Quién está embarazada?"

Paso seis

Una vez salude a su anfitrión y dé la bienvenida a los invitados, proponga el siguiente juego para romper el hielo y para identificar al mejor prospecto. El juego se llama "El último que se vaya de la fiesta". Cuando explique que el ganador recibirá uno de los llamativos kits, estará garantizado que todo el mundo participará.

El juego toma unos pocos minutos y usted podrá adaptar las preguntas de acuerdo a la audiencia. Asegúrese de que todos los invitados tengan papel y un bolígrafo e invítelos a sumarse puntos como se indica a continuación:

☆ Un punto por cada evento en el que la persona haya estado en los últimos dos años.

☆ Dos puntos por cada evento en el que la persona haya estado en los últimos seis meses.

☆ Tres puntos por cada evento en la que haya sido el anfitrión.

☆ Cinco puntos por cada evento en la que la persona haya sido anfitriona en los últimos seis meses.

☆ Tres puntos si alguien le ha ofrecido participar en algún tipo de negocio de venta directa.

☆ Doble los puntos si seriamente ha considerado esa idea.

☆ Cinco puntos si ha sido representante de alguna compañía de ventas directas.

El invitado con la mayoría de puntos gana. Cuando usted dé al invitado el paquete ganador, muéstrese abierto y entusiasmado por su contenido. Dígale al ganador. "¡Felicitaciones! Usted ha ganado (mencione el premio). Le he dejado información respecto a nuestra compañía la cual va a resultarle muy interesante".

Así, usted habrá identificado a su primer prospecto: el tipo de persona social a la que le encanta asistir y auspiciar eventos de promoción.

Hay un paso muy corto entre ser anfitrión y vender, y usted podrá comprobar eso al día siguiente.

Paso siete

Haga que su evento de promoción sea un completo comercial para su negocio. Nadie va a quejarse si el comercial es entretenido e informativo. Usted está ahí para mostrar sus productos, pero esa es la parte fácil. No obstante, vincular personal requiere de más habilidad.

Condimente su presentación con varios mini comerciales para su negocio. Introduzca los comerciales de forma suave en el flujo de la presentación de su producto, sea breve y vaya al punto en cuestión:

"Me encanta este negocio porque en él todo el mundo gana. Nuestros clientes consiguen excelentes productos a precios increíbles, nuestros anfitriones adquieren sus productos de forma gratuita por hacer posible el evento, y yo trabajo con estos productos maravillosos".

"La compañía nos respalda todo el tiempo. El entrenamiento es increíble, y nos reunimos una vez al año para nuestra convención anual. Nunca había tenido un trabajo en el que me divirtiera tanto".

"La mayoría de asociados trabaja a tiempo parcial; algunos de nosotros en la cima de la cadena tenemos trabajo regular. Y cada vez más observamos que la gente desea un cambio en su carrera y desea trabajar en el negocio de tiempo completo. Todo el mundo tiene circunstancias diferentes y eso es lo bueno de ser empleado independiente. Uno decide las horas que desea trabajar".

Asegúrese que sus comerciales destacan diferentes aspectos del negocio. Todos tenemos diferentes puntos sensibles. Cuantos más de esos puntos toquemos, mayores probabilidades tendremos de conectarnos con los invitados.

☆ Un estudiante de universidad que está ansioso por ganar dinero durante su periodo de vacaciones porque necesita pagar un préstamo educativo.

☆ Un negocio complementa otro negocio. Por ejemplo, un profesional de la salud complementa su actividad vendiendo productos nutricionales, o un esteticista distribuye productos para el cuidado de la piel.

☆ Obtener los recursos para los gastos de un vehículo hace que alguien que necesita un vehículo nuevo considere las ventajas de tener su propio negocio.

☆ A las personas que les encanta salir de vacaciones probablemente les entusiasme la idea de obtener planes de vacaciones de forma gratuita. "Tengo la meta de obtener un viaje gratuito a las Bahamas para dos. ¿Hay alguien aquí que trabaje para una empresa que pague sus vacaciones anuales?"

☆ Para alguien con problemas de flujo de caja le puede sonar atractiva la idea de un trabajo a tiempo parcial (piense en las vacaciones, los impuestos, los costos escolares, o los gastos inesperados).

"Cuando mi hijo John nació, gastamos USD $8.000 con nuestra tarjeta de crédito. Pero eso nos estaba costando USD $1.600 al año en intereses. Logré pagar la tarjeta con sólo conducir dos eventos a la semana".

Hay muchos beneficios en mantener cortos los comerciales:

"La mejor parte es que puedo pasar tiempo con mi familia, y también tengo tiempo para mí y para hacer lo que más me gusta".

"Mi piel nunca había estado mejor".

"La primera semana bajé dos kilos".

Sustente sus historias con hechos:

"Todos reciben entrenamiento en los temas básicos para iniciar el negocio pero el entrenamiento nunca termina".

"Siéntase libre de examinar mi manual de entrenamiento". Lleve su manual a todos los eventos, para darle una pequeña inducción a la persona más interesada. "Observé que estuvo revisando mi manual...".

No se avergüence por hablar de asuntos de dinero. A todos los trabajadores se les paga por sus esfuerzos. En vez de obtener un salario, usted ha elegido ser recompensado por sus resultados. A la gente le encantará su iniciativa y alguien en el grupo puede pensar: "Esto suena fabuloso. Me pregunto si puedo hacer lo que esta persona está haciendo".

Paso ocho

En los siguientes capítulos, usted descubrirá la manera de ampliar su base de prospectos y la forma de reconocer a los mejores, así como el mejor método para entregar sus *kits* de inicio. Sin embargo, una forma rápida y fácil de animar a un prospecto caliente para que se identifique a sí mismo es a través de preguntar: "¿Quién de ustedes lideró un equipo deportivo o hizo parte de un equipo de porristas?"

Este es el asunto. Los anteriores líderes de equipo o porristas serán más propensos a compartir la información de sus productos. Piense en esto: ser organizador de eventos de promoción encaja perfecto con la personalidad de alguien que ha liderado un equipo o que ha sido porrista como si se tratara de un guante en una mano. Si la persona en perspectiva es una madre, lo más probable es que esté echando de menos la diversión y el suspenso que experimentaba cuando era porrista. Una sola pregunta y el prospecto caliente se ha identificado a sí mismo. Si usted se mantiene concentrado va a encontrar que no es difícil identificar a los prospectos. No olvide apuntar cuáles invitados fueron los que recibieron el *kit* de negocios. Explíqueles por qué les escogió usted:

"Cuando su hija inicie la escuela la próxima semana, este podría ser el trabajo ideal para usted. Yo empecé cuando mi hijo comenzó a ir a la escuela. Así podía ir a recogerlo todos los días".

"Esto es para usted por hacer esas preguntas formidables".

"Usted se ve muy bien con esa ropa. Desearía que todos mis clientes pudieran verse como usted".

"Usted nos ha ayudado a todos nosotros a tener una noche estupenda".

Paso nueve

Cierre con una invitación para considerar el negocio. Añada información específica sobre la forma en que funciona el negocio: "Si la han pasado bien esta noche deberían considerar la posibilidad de hacer lo que yo hago. Todo lo que cuesta iniciar es $ (...) y listo. El siguiente paso es elegir cuánto se quiere ganar. De usted dependerá ganar desde unos cuantos dólares celebrando una reunión a la semana hasta llegar a obtener una cifra de varios dígitos".

Paso diez

Utilice las oportunidades que se le presenten para conectarse con sus invitados y mostrarles todo el potencial:

"Catherine, ¿alguna vez ha pensado en hacer esto? De todas las personas que están aquí esta noche, creo que tú serías la mejor (consultora/representante/ distribuidora)". Lo más seguro es que Catherine responda: "¿Qué le hace pensar que eso es cierto?"

Su respuesta sincera sería algo así como:

"Usted tiene gran facilidad para comunicarse con las personas. Se ve que ellas se sienten muy cómodas en su compañía".

"Usted tiene una piel fabulosa".

"Su personalidad es llena de entusiasmo".

"Es obvio que usted sabe mucho sobre salud".

"Usted siempre ha sido una persona de negocios exitosa".

"Puedo visualizarle a usted siendo exitoso en este negocio".

No descuide a los invitados que no se registraron en su radar durante la presentación:

"Gracias por venir esta noche. Ha sido maravilloso conocerle. ¿Qué hace usted habitualmente los martes en la noche?"

"Me interesa saber su opinión sobre nuestros productos. ¿Le puedo llamar la próxima semana?"

"Muchas gracias por venir esta noche. Sonia me comentó lo ocupado que usted es. ¿Dónde trabaja?"

No vacile en abordar a cualquier persona que califique. Nunca podré relatar suficientemente las veces que un nuevo vinculado me ha dicho: "Había participado en muchos eventos de promoción y hasta ahora nadie me había ofrecido el negocio".

Paso once

Cuando usted sume el total de sus ventas e invite a su anfitrión a unirse a su equipo diga: "Usted hizo un gran trabajo esta noche. Tiene amigos muy interesantes". Cuando la persona diga, "Gracias", pregúntele: "¿Sabe cuál era la parte más difícil del trabajo esta noche?"

Tenga la seguridad que la persona va a decir: "No, ¿cuál?"

Conteste: "La parte que usted hizo. Conseguir a las personas es la parte más difícil y usted hizo un trabajo estupendo. Todo lo que yo hice fue venir y pasar un tiempo agradable con un grupo de gente interesante". Entréguele un paquete y diga: "Reservé este para usted. ¿Sabía usted que aún si tan sólo hubiera venido la mitad de los asistentes hoy ya había (pagado su kit de inicio)? Nuestro promedio de ventas por evento es $ (…), así que en este momento usted ya habría hecho $ (…) y esas ventas contarían para el crucero gratis a las Bahamas del cual le estaba hablando. ¡Imagínese eso!"

Paso doce

Cuando usted llame a las personas que recibieron los paquetes, pruebe estas frases para garantizar que impresiona a sus prospectos:

"Hola Lina. Gracias por venir anoche. Fue muy bueno conocerla y quería decirle que si no hubiera ganado el paquete, de todos modos le hubiera dado uno".

Lo más probable es que ella responda: "¿Por qué cree que lo hubiera ganado?". Usted puede decir: "Porque..." y tenga lista una razón sincera, como por ejemplo:

"... creo que sería muy agradable trabajar con usted".

"... ser docente le da a usted credibilidad de inmediato".

"... me gusta su energía/entusiasmo. ¿Quién no desearía trabajar con usted?"

"... usted hizo la mayor parte del trabajo para mí. Pienso que usted es una persona muy natural".

Continúe diciendo: "¿Ha tenido la oportunidad de leer la información que incluí en el paquete?" Así logrará mantener fluida la conversación.

El propósito de la llamada es mantener contacto, no vender el negocio. De modo que haga que la conversación se mantenga suave para evitar que la otra persona se sienta presionada. Manifieste algo como: "Me encantaría reunirme con usted por media hora para explicarle de qué se trata y sin importar lo que decida, será muy grato volverla a ver".

Mantenga suave la conversación, elogie a su prospecto y deje muy en claro que no va a presionarle. Así su prospecto se sentirá complacido aun en el caso en que no acepten la oferta.

CAPÍTULO 10

Aborde a quienes necesiten dinero

HAY UNA NUBE GRIS que se cierne sobre el Sueño Americano y cada vez se está poniendo más oscura. La brecha entre lo que la mayoría de personas tiene en la vida y lo que ellas necesitan se está agrandando, y eso hace a casi todas las personas un prospecto en perspectiva. El U.S. Census Bureau está publicando cifras alarmantes de propietarios que no están logrando pagar su hipoteca. 47 millones de americanos no tienen seguro de salud y 18 mil de ellos mueren por esta causa.

Los americanos que no cuentan con educación universitaria están luchando para ajustarse a los salarios bajos, beneficios limitados, así como a condiciones de trabajo cada vez más difíciles.

La idea de jubilarse para muchos americanos es un sueño y muchos en edad de jubilación dependen de la Seguridad Social como su única fuente de ingresos, lo que les priva de un estándar de vida decente.

Hasta las personas que han ahorrado en un fondo de pensiones pueden verse en dificultades a la hora de recibir su cheque. Medio millón de dólares invertido a un 5% produce solamente USD $25.000 al año, pero a esa cifra hay que descontarle los impuestos. En el mejor de los casos, ello provee fondos para tener un estilo de vida modesto. Lo ideal es contar con un millón de dólares en el fondo y una casa libre de

hipotecas, para así poder hacer frente al costo de vida que cada vez está
en ascenso.

Pero la necesidad no es el único factor que hay que considerar en
este asunto. Otro factor para tener en cuenta es la codicia. El materialis-
mo es rampante en la sociedad de nuestros días. El comercio nos tienta
con un interminable flujo de estilos y diseños nuevos y mordernos que
fácilmente se convierten en anzuelo. Más tardamos en comprar el último aparato que en salir al mercado uno nuevo que nos resulte más
atractivo. Terminamos de pagar nuestra casa, para empezar a soñar con
una casa de veraneo. Regresamos del viaje que habíamos soñado tener
toda la vida para encontrar otra oferta de otro viaje que parece más
atractivo.

Hasta las personas que parecen ser acaudaladas pueden necesitar
más dinero del que indican las apariencias. La impresionante casa, el
automóvil último modelo y la membrecía en el club de golf llegan a
resultar estresantes para quien se ha endeudado bastante para conseguir estas cosas. Millones de americanos que viven en un paraíso de
ilusiones están cercanos a descubrir que es más fácil endeudarse que
librarse de las deudas.

¡Pero esa nube gris tiene bordes blancos! Es su oportunidad de negocios. La mayoría de las personas pueden cambiar dramáticamente
su situación financiera emprendiendo un negocio desde su hogar para
complementar sus ingresos.

¿Cómo encontrar y abordar a los prospectos que necesitan dinero?
Haciéndoles ver su brecha de pobreza. Nadie compra una aspirina a
menos que sienta dolor de cabeza. Si usted logra que sus prospectos
piensen en lo que no tienen, o en lo que pudieran tener si tuvieran unos
cuantos dólares de más en su billetera, existen buenas probabilidades
de vinculación.

El temor a una pérdida es mayor que el deseo de ganar. Temores
como el de nunca llegar a tener una casa o no tener suficiente para
jubilarse; hasta tener menos que los amigos y vecinos, puede animar a
la gente a pensar seriamente en la posibilidad de vincularse al negocio.

La razón número uno por la que la gente se inicia en el negocio es para tener un ingreso adicional. Si usted desea que las personas se vinculen a su negocio, averigüe qué es eso que hace falta en sus vidas y ofrézcales la forma de conseguirlo.

El mensaje puede ser muy poderoso. Pregunte: "¿Por qué utilizar las tarjetas de crédito al máximo o hipotecar su vivienda cuando un negocio a tiempo parcial pudiera suplir sus necesidades sin tener que adquirir deudas?"

El mercadeo en redes es la forma perfecta de conseguir fondos para pagar los gastos de universidad de sus hijos, para tener un buen fondo de pensiones, para pagar gustos costosos o para reducir las deudas. La mayoría de las bancarrotas se pudieran evitar si se tuvieran USD $50 a la semana. Comenzar un negocio de mercadeo en redes o un negocio como organizador de eventos promocionales, aun si es sólo para asistir a unos cuantos familiares y amigos, pudiera ser lo que su prospecto necesita para evitar tocar fondo.

Colmar a sus prospectos con predicciones sobre crisis financieras no es la respuesta. Deje que sus prospectos descubran por sí mismos que necesitan más dinero, mediante hacer el tipo de preguntas correctas.

"¿Qué diferencia haría en su vida tener USD $50 extra a la semana?"

"¿Qué diferencia haría en su vida tener USD $500 extra al mes?"

"¿Su trabajo le aporta lo suficiente para llevar la vida que desea?"

"Si usted tuviera USD $10.000 para gastar, ¿qué compraría?"

"¿Cuántos son sus ingresos anuales?"

"¿Qué diferencias habrían si tuviera un ingreso extra en su vida?"

"¿Qué desea hacer cuando se jubile?"

"¿Cuánto necesitaría para mantener su estilo actual cuàndo se jubile?"

Por supuesto no se necesitará hacer todas las preguntas a la misma persona. Preguntarle a alguien de 20 años sobre lo que piensa hacer cuando se jubile es como preguntarle a alguien de 60 si le gustaría tener un iPhone. Cuanto más desarrolle su habilidad para hacer preguntas que encajen con las prioridades de su prospecto, mejores posibilidades tendrá de hacer evidente su "brecha de pobreza", o la diferencia entre lo que las personas tienen y lo que desean en sus vidas.

Usted aumentará sus oportunidades de obtener nuevos vinculados si se concentra en sus prospectos con el deseo y la motivación de lograr el éxito.

Si usted, pusiera en una fila a los trescientos millones de americanos, ubicando al más rico en un extremo y al más pobre en el otro, esto es lo que encontraría:

☆ Aproximadamente un 5% es acaudalado. A estos los llamaremos grupo uno.

☆ Aproximadamente el 20% está en una posición deseable. A estos los llamaremos el grupo dos.

☆ Aproximadamente el 50% gana el promedio. A estos los llamaremos el grupo tres.

☆ Aproximadamente el 20% se ve en dificultades económicas. A estos los llamaremos el grupo cuatro.

☆ Aproximadamente el 5% es pobre. A estos los llamaremos el grupo cinco.

¿En qué grupo es posible encontrar a los mejores prospectos?

No están en el grupo uno. Aun si desean tener más dinero, cuentan con infinitas formas de obtenerlo.

¿Qué hay del grupo 2? Posiblemente. Tienen la ambición de llegar al podio más alto de personas con ingresos. Sin embargo, las estadísticas de la industria indican que pocos miembros de nuestro personal inician en ese grupo.

¿El grupo tres? ¡Correcto! El ingreso real de los americanos trabajadores promedio se está desvaneciendo. Estas personas trabajan duro, pero el aumento en el costo de vida les está impidiendo lograr seguridad financiera.

Así que ellos estarán interesados en complementar sus ingresos y en recibir los beneficios tributarios que se derivan de tener su propio negocio en casa. Este grupo tiende a moverse hacia arriba y usted tiene el vehículo perfecto para llevarlos al sitio que desean.

¿Qué hay del grupo cuatro? Estos trabajadores con ingresos por debajo del promedio apenas luchan para que sus ingresos les alcancen. Estos comparten mucha de las características del grupo tres, pero les falta la formación o las habilidades para conseguir un mejor empleo. Algunos están llenos de deudas debido a infortunios o falta de buen juicio. Los costos de los servicios de salud son su principal causa de estrechez económica.

Estos trabajadores con ingresos bajos merecen un cambio para lograr un mejor estilo de vida, y usted tiene en sus manos la facultad de ayudarles. Sin importar los antecedentes educativos, las habilidades y las experiencias, cualquier persona con el coraje, la determinación y los deseos de alcanzar el éxito, puede construir un negocio rentable.

Muy pocas personas que participan en el negocio de mercadeo en red provienen del 5% que pertenece al grupo cinco. Por consiguiente, cuando usted esté buscando sus prospectos, teniendo como base las necesidades de ingreso, concéntrese en el 70% de la población que se sitúa en el rango de personas que reciben un ingreso promedio o ligeramente por debajo del promedio.

C A P Í T U L O   1 1

Los padres, una buena oportunidad de negocio

SI HAY UNA COSA QUE COMBINE BIEN CON LA OTRA, es la paternidad (o la maternidad) con las redes de mercadeo.

Los niños son una bendición inapreciable, pero también cuestan mucho dinero. Desde asuntos esenciales como los pañales, la alimentación y la ropa, hasta temas como la educación, los deportes y las vacaciones. No existe la forma barata de sostener una familia. El U.S. Census Bureau informa que criar a un hijo hasta los 18 años cuesta entre USD $140.000 y $300.000, siendo la cifra promedio USD $200.000. Y este costo no incluye los gastos de universidad, boda ni celebraciones adicionales.

En la mayoría de los hogares ambos cónyuges trabajan porque cuando el que aporta es uno de los dos padres, el presupuesto de la familia se ve muy apretado. No obstante, trabajar durante el tiempo en que los hijos crecen pone a los padres en un estado de angustia emocional.

Muchas madres piensan que tienen pocas opciones —o salen a trabajar, o se quedan en casa cuidando a sus hijos. Pero el asunto no tiene por qué ser así. Las "madres empresarias" pueden combinar ambos roles. Las redes de mercadeo constituyen la forma ideal de complementar los ingresos de la familia cuando se determina que no es prudente que ambos padres trabajen fuera de casa. Estas son algunas razones por las que algunos padres se sienten atraídos al negocio.

La familia está primero

Los hijos prosperan mejor cuando cuentan con la presencia de sus padres en casa. Los primeros años son el fundamento del resto de la vida del niño. Los hijos que regresan a casa después de la escuela y encuentran a uno de sus padres son más felices y más seguros. También es importante estar cerca de ellos cuando empiezan la edad de la adolescencia.

Lo digo por experiencia: es imposible dejar a los hijos en la guardería para irse a trabajar y no sentirse culpable. Cuando se trata de ser padres no existen segundas oportunidades. Los años preciosos del crecimiento de los hijos nunca vuelven atrás.

El Centro de Investigaciones Pew muestra que sólo el 28% de las madres entrevistadas que trabajan siente que esté cumpliendo bien con su papel como madre. Sin embargo, el 60% dijo que un trabajo a tiempo parcial encajaría perfecto con su situación, aunque de este porcentaje sólo el 24% tenía trabajos por tiempo parcial. El censo más reciente indicó que el 70% de las mujeres con hijos menores de 15 años trabajaba fuera de casa. ¿No es verdad que esto representa una buena oportunidad para su negocio?

Usted tiene mucho para ofrecer a los padres. Aparte de las redes de mercadeo, pocos empleos ofrecen flexibilidad de tiempo que les permitan combinar el trabajo con la familia. Los empleadores que se adapten a los horarios de las familias son muy escasos y la mayoría de los que tienen horas flexibles está en la categoría de empleos mal remunerados.

Los padres que trabajan mediante redes de mercadeo suelen dedicar plena atención a sus hijos sin sacrificar los ingresos adicionales. Las madres empresarias tienen facilidades para dedicar tiempo a las actividades de la familia, dándoles prioridad a éstas más que a su trabajo y siempre logran reprogramar su horario cuando las circunstancias lo exijan. El credo de las redes de mercadeo o de los negocios de organización de eventos promocionales es: "La familia está primero".

Gane lo que se merece

La realidad es que el "trabajo" no encaja muy bien con la mayoría de las madres. Convertirse en madre significa una reducción de los ingresos. Las encuestas indican que sólo tres años lejos del trabajo representan una reducción del 37% de los ingresos.

Y el tema de los ingresos no es el único que afecta a quien ha dejado de trabajar un tiempo para cuidar de los hijos, sino que volver a hallar empleo llega a convertirse en un asunto difícil. Una investigación reciente reveló que las hojas de vida que sugieren el tema de la maternidad, como por ejemplo, haber hecho parte de una asociación para padres, reduce las posibilidades de obtener empleo en un 44%.

Y el tema no solamente afecta a las madres. Muchos hijos sienten que sus padres permanecen ausentes durante su crecimiento. Las largas horas de trabajo, sumadas a los extenuantes viajes diarios de ida y vuelta al lugar de empleo, implican que algunos padres vean a sus hijos únicamente durante los fines de semana.

Las redes de mercadeo son diferentes en todos los sentidos. No invaden la vida de familia. Iniciarse en ellas cuesta muy poco y proveen ingresos propios a medida que crecen. Quienes participan del negocio de las redes de mercadeo no tienen que pagar costos exorbitantes de operación, de modo que el dinero permanece donde se ha ganado.

Una vez se construye una organización de personas productivas, se continúan obteniendo ingresos aun cuando la persona no esté trabajando activamente. Al mismo tiempo que su línea de distribuidores está generándole ingresos, usted tiene la posibilidad de ir a ver a su hija protagonizar una obra de teatro escolar o ver a su hijo anotar un gol en un encuentro deportivo.

Un generador de confianza

Ser padres es una tarea satisfactoria que demanda grandes cambios en el estilo de vida. Puede que los libros más leídos por los padres durante esa época sean *La oruga muy hambrienta* y obras similares.

No obstante, dejar a un lado las actividades favoritas suele conducir a un deterioro de la autoestima. El sistema de mercadeo en redes ayuda a los padres a recuperar aquello que se ha relegado en sus vidas, como la oportunidad de hacer nuevos amigos, aprender habilidades nuevas y para algunas madres ligadas al hogar, la oportunidad de tener ingresos y arreglarse muy bien de vez en cuando.

Los padres que trabajan desde su casa se convierten en grandes modelos a seguir. ¿Quién no quiere que sus hijos aprendan la independencia económica y la autosuficiencia? Los hijos que observan de cerca cómo funciona un negocio tienen una gran ventaja a la hora de querer iniciar su propio negocio.

Cuando los hijos se marchan de casa

El U.S. Census Bureau indica que la expectativa de vida para la mayoría de las personas está entre 70 y 80 años, lo que significa que muchos padres tendrán la mitad de su vida por delante cuando sus hijos alcancen la mayoría de edad. Eso se traduce en mucho tiempo para jugar tenis, golf o ir al bingo.

Las redes de mercadeo funcionan para todas las edades y antecedentes. Cuando los hijos aún son jóvenes es posible iniciarse en el negocio con cifras pequeñas y luego incrementar su ritmo cuando estos estén en edad universitaria.

Un buen amigo me dijo una vez: "Hay dos regalos que puedes dar a tus hijos. El primero es una buena educación y el segundo es asegurarse de que ellos no experimenten preocupaciones cuando se marchen de casa".

Los padres cuyos hijos han abandonado el nido y con pocos intereses adicionales abrigan expectativas poco realistas respecto a sus hijos porque ellos están ocupados criando a sus propias familias. ¿Quisiéramos que nuestros hijos nos visiten porque lo desean, o porque sienten la obligación de hacerlo? Cuando emprenden el negocio del mercadeo en redes los padres con hijos adultos descubren ante sí todo un mundo nuevo de posibilidades.

Cada familia tiene prioridades y preocupaciones diferentes. Para algunas, la prioridad es pagar la educación universitaria de los hijos. Para otras, la ansiedad consiste en el gran costo que implica saber que sus hijos crecen al mismo tiempo que se sienten amarrados a un puesto de trabajo. También hay padres que no están buscando dinero adicional sino que tratan de relacionarse socialmente o intentan encontrar un estímulo para enfrentar un nuevo desafío.

El secreto de convertir a los padres en una oportunidad de negocio consiste en sondear todas las posibilidades y ver cuál es la que despierta interés en ellos.

Las redes de mercadeo están libres de exclusiones. Sin importar las circunstancias que cada familia tenga es posible encontrar un nicho del negocio que se ajuste a su situación. Los diferentes miembros de la familia podrán hacer su contribución así como también cosechar las recompensas que se obtengan.

Un número creciente de padres se está uniendo a las redes de mercadeo. Capitalice sobre esta tendencia y aproveche su oportunidad para participar en un negocio que aporte lo que su familia necesita.

CAPÍTULO 12

Cómo identificar los mejores prospectos según su profesión

MUCHOS DE SUS PROSPECTOS ya tienen una profesión. Las profesiones no sólo son indicadores excelentes de los buenos prospectos, sino que también nos dan la clave para presentar la oportunidad de negocio.

Los prospectos cuyas carreras coinciden con el entrenamiento y las habilidades que se necesitan en las redes de mercadeo, o en el negocio de eventos de promoción, tienen mejores posibilidades de éxito. Todo lo que estas personas necesitan hacer es aplicar las habilidades que ya han aprendido en sus otros trabajos. No se necesita hacer reentrenamiento con ellos.

Las personas que tienen las siguientes profesiones han logrado un desempeño excelente en la industria. La recomendación es buscar a sus prospectos entre estos profesionales.

Profesores

El hecho de que los maestros hayan prosperado bastante bien en la industria no es una sorpresa. Los maestros son organizadores y au-

93

tomotivados por naturaleza. Saben cómo plantearse metas y cómo planear una estrategia para producir los resultados que desean. Los maestros se sienten bastante cómodos al hablar ante grupos de personas y eso es algo que les gusta hacer. Sus habilidades comunicativas por encima del promedio los hace comerciantes muy persuasivos.

¿Qué pudiera hacer un profesor para vincularse a su oportunidad? Enseñar es una tarea exigente. El horario de los profesores es bastante apretado. Muchos enfrentan salones de clase atestados, estudiantes que no han desarrollado las habilidades básicas y tienen problemas de comportamiento. Al mismo tiempo deben cumplir con las exigentes normas sobre salud y seguridad, lo cual incrementa su carga de trabajo.

Muchos docentes escogen su profesión porque las horas flexibles y los periodos de vacaciones les permiten pasar más tiempo con sus familias. Sin embargo, las redes de mercadeo ofrecen aún más flexibilidad.

Pregúnteles a quienes son docentes si piensan que están sobrecargados de trabajo y mal remunerados y obtendrá un resonante "Sí". No sorprende que ellos busquen algo adicional a su trabajo y que sea nuestra industria la que responde a sus necesidades.

Artistas

No es común pensar que los artistas sean personas de negocios, sin embargo, ese es un estereotipo desafortunado. Las personas creativas se sienten atraídas por los negocios creativos. Los artistas piensan por fuera del cuadro y les encanta expresarse. Ser organizador de eventos promocionales o trabajar en redes de mercadeo implica tener algo de talento para el espectáculo y los artistas se destacan en esto.

Si usted habla con un artista, lo más previsible es que éste le escuche porque probablemente esté urgido de dinero y ciertamente necesita flexibilidad en sus horarios para tener la opción de desarrollar sus talentos creativos. Los artistas son muy apasionados con lo que hacen y les encanta recibir reconocimiento por su éxito.

Hay una gran variedad de artistas donde hallar prospectos. Entre estos se encuentran, pintores, artesanos, cantantes, paisajistas, actores, intérpretes, escultores, floristas, chefs, bailarines, escritores, poetas, fotógrafos, guionistas y músicos. Todas las personas que de algún modo participan del mundo artístico, tienen la agilidad para hallar su gran lugar de participación en el negocio de las redes de mercadeo.

Enfermeras

Hay una buena razón por la cual las enfermeras se vinculan al mundo del mercadeo en redes: son personas que manifiestan la disposición para ayudar y apoyar a otros. También son personas muy diligentes. Su deseo sincero de colaborar encaja perfectamente con el negocio.

Las enfermeras enfrentan presiones increíbles —el sistema de salud es decadente y no constituye un entorno saludable para trabajar. Los horarios impredecibles, la falta crónica de personal de salud, el riesgo de contagio de enfermedades y las crecientes demandas de tiempo, conducen fácilmente al estrés, al cansancio y a la fatiga crónica.

Las redes de mercadeo son una excelente opción para hacer una contribución significativa sin necesidad de sacrificar la propia cordura. La empatía natural de las enfermeras les ayuda a construir fuertes vínculos con las personas y las convierte en guías del autocuidado por naturaleza.

Ingenieros

En lo que respecta a las redes de mercadeo los ingenieros tienen lo mejor de dos mundos. Son personas muy creativas y disciplinadas.

Los ingenieros suelen ser visionarios por naturaleza y logran identificar el potencial de un negocio con facilidad. Las redes de mercadeo les ofrecen un alcance amplio en cuanto a actividades sociales en reconocimiento por sus talentos. Por lo tanto, no sorprende que los ingenieros se sientan atraídos por las redes de mercadeo y que prosperen en el negocio.

Agentes de ventas

El personal de ventas representa todo un terreno abonado para ofrecer la oportunidad de negocio. Sus personalidades carismáticas y persuasivas encajan muy bien con este negocio orientado a recompensar los resultados.

Los agentes de ventas son competitivos y motivados por naturaleza. Les encanta el reconocimiento que proviene del éxito. Su entusiasmo, energía e impulso representan una motivación para sus compañeros de trabajo.

¿Qué razones habría para que un agente de ventas participe en un negocio de mercadeo en red? El promedio de ingresos de un profesional de ventas, sin importar en si está en el sector automotriz, inmobiliario, de los seguros u otro sector, por lo general no alcanza a superar los altos ingresos que representa la oportunidad de negocio que usted tiene para ofrecer. No se sienta cohibido de comparar los planes de compensación y las ganancias que hay en las oportunidades de negocio en las redes de mercadeo y hágalo no sólo con los agentes de ventas promedio sino con los de alto desempeño.

Profesionales de la salud

Los profesionales de la salud —médicos, odontólogos, quiroprácticos, psicólogos, terapistas, dermatólogos, profesionales de la Medicina natural y fisioterapeutas— cuentan con la credibilidad y la confianza de la personas, lo que les permite construir una red de negocios de mercadeo exitosa.

La deficiencia más evidente de los trabajos relacionados con la salud es la falta de tiempo. Los ingresos están sujetos al número de horas que se trabajan o al número de citas médicas que se concreten. Cuando el último paciente del día sale por la puerta, se dejan de percibir ingresos. Otra dificultad que enfrentan los profesionales de la salud es el creciente aumento de los costos de los seguros por responsabilidad civil, lo que reduce ampliamente sus ganancias.

Las redes de mercadeo difieren mucho de eso. Empezar y mantenerse en el negocio cuesta muy poco, tampoco se requieren muchos seguros por responsabilidad civil. Aunque demandan tiempo y dedicación para iniciar el negocio, las recompensas continúan fluyendo mediante los ingresos residuales derivados de la organización de vendedores que usted ha creado.

Los profesionales de la salud disfrutan de altos niveles de respeto y admiración. Esa credibilidad se transfiere al negocio del mercadeo en redes. Los productos nutricionales o para el cuidado de la piel complementan muy bien los programas de salud, especialmente aquellos cuyo enfoque es el cuidado preventivo.

Profesionales de apoyo

Entre los profesionales de apoyo podemos mencionar a los consejeros de carrera, profesionales de servicio (contadores, abogados, etc.) y gerentes de recursos humanos.

Su entrenamiento les da ventaja en lo que tiene que ver con comprender y respaldar a sus auspiciados. Son personas muy trabajadoras y cuentan con entrenamiento avanzado en habilidades interpersonales. ¿Qué mejores cualidades para empezar un negocio?

Ahora que usted sabe qué trabajos indican las habilidades que sugieren el perfil perfecto para las ventas directas, así como las circunstancias que indican que el prospecto quiere un cambio, ¿cómo abordar a las personas con estas profesiones? Pruebe estas introducciones para iniciar una conversación:

☆ Manténgase atento para detectar al tipo de personas y de profesiones que encajen mejor con su oportunidad de negocio. Convierta en un hábito preguntar a las personas que conoce: "¿Qué hace usted?" Preguntarle a alguien sobre su trabajo es una forma fácil de iniciar conversaciones.

Si la persona responde, "Yo soy enfermera (o artista, o...)", entonces diga: "Eso suena interesante. A (las enfermeras) les va bien en mi negocio". Casi que le aseguro que la respuesta será: "¿Y usted qué hace?" A partir de ahí, prosiga la conversación.

☆ Si usted es organizador de eventos promocionales, pídale a cada asistente que le diga cuál es su profesión. Busque a los posibles prospectos. Si encuentra uno, entregue a la persona uno de sus *kits* de negocio, o diga: "¿Usted es agente inmobiliario? Me gustaría hablar con usted más tarde". Como mínimo la persona estará intrigada cuando usted le diga: "Estoy muy interesado en compartir con usted mi negocio".

☆ Revise su lista de contactos y verifique si hay personas con uno de los trabajos que hemos mencionado anteriormente. Llámela y dígale: "He descubierto algo que le va a interesar. ¿Sabía usted que tenemos más profesores en nuestro negocio que personas de cualquier otra profesión?" Lo más seguro es que la persona responda: "¿A qué se debe eso?". Así, ya tiene lista su invitación para explicárselo.

☆ Usted podrá iniciar conversaciones de la forma ideal cuando su prospecto diga que tiene la misma profesión que usted. Ustedes hablarán el mismo lenguaje y a la persona le interesará saber las razones que usted tuvo para escoger complementar su carrera con el negocio del mercadeo en redes. Usted pudiera decir: "Antes de iniciar mi trabajo en las redes de mercadeo yo era (mencione su trabajo anterior), pero ahora en dos horas gano lo que antes ganaba en dos días de trabajo. Además, odiaba las políticas de la oficina. En cambio aquí todo el mundo es amigable y está listo para ayudar".

☆ Considere la posibilidad de abrir un evento de oportunidades de negocio o un seminario de negocios que tenga como objetivo a un grupo específico de profesionales. Asegúrese que sus presentadores provengan de carreras que sean respetadas por su audiencia específica. Nos solemos relacionar mejor con personas que comparten nuestros antecedentes y no hay mejor testimonio que el de alguien que ha andado nuestras mismas pisadas.

☆ Hágalo fácil para ellos. Sus prospectos no tienen que renunciar a sus trabajos regulares. Los profesores pueden iniciar el negocio durante las vacaciones de verano. Los profesionales de la salud pueden probar los productos con sus pacientes actuales. Si la motivación es lo suficientemente fuerte en sus prospectos, ellos podrán apartar una hora al día para desarrollar el negocio. Si todo va bien, puede llegar el tiempo en el que decidan cambiar de trabajo y emprender el negocio de tiempo completo. Ahí estará su próximo vinculado estelar.

CAPÍTULO 13

Conectándose con quienes han estado en el negocio antes

¡AQUÍ HAY UNA BUENA NOTICIA! En los Estados Unidos, cada día que pasa 25.000 representantes nuevos se inician en el negocio de ventas directas y aproximadamente 8.000 lo hacen en diferentes países alrededor del mundo. Dicho número genera bastante confianza en lo que respecta a buscar prospectos.

Pero la noticia se hace aún mejor: la mitad de los nuevos vinculados abandonan el negocio durante los primeros 3 meses.

No obstante, la noticia mejora todavía más: 4 de cada 5 vinculados se van del negocio al final del primer año.

¿Cómo puede ser que estas sean buenas noticias? Son buenas noticias porque muestran que hay una vasta reserva de personas que en algún momento estuvieron lo suficientemente entusiasmadas con el negocio y se dieron una oportunidad.

Puede haber un gran número de razones por las cuales no funcionó la primera vez o quizás la segunda vez:

☆ No tenían metas claras.

☆ No obtuvieron la motivación suficiente para hacer su mejor esfuerzo.

☆ La compañía que eligieron no era la indicada para ellos.

☆ Nunca lograron demostrar suficiente entusiasmo por los productos.

☆ El entrenamiento no atendió sus necesidades.

☆ El tiempo para vincularse al negocio no era el adecuado.

☆ No sobrevivieron la transición de pasar de vender a sus familiares y amigos a vender al mundo exterior.

☆ Sus patrocinadores no les dieron el apoyo que necesitaban.

☆ Se fueron a vivir a otra ciudad.

☆ Tenían demasiadas distracciones en su camino.

☆ Se enfermaron o quedaron embarazadas, o se ocuparon de los hijos.

Es muy común que el 90% de las personas que se inician en el negocio de las ventas directas, lo hacen motivadas con una meta a corto plazo, por lo que una vez la consiguen, se desvinculan del negocio.

El asunto es que en realidad no importa por qué se retiraron. Lo que importa es que en algún momento se vincularon. La mayoría de las personas no investiga la variedad de compañías antes de firmar. Muchos firman de forma impulsiva con la idea de que cualquier compañía o producto son buenos para ellos.

Es muy fácil equivocarse la primera vez al escoger la compañía o por no hacer que el negocio despegue.

Pero lo bueno del tema es que el error no cuesta nada. El valor de los productos y el soporte que reciben los nuevos representantes sobrepasa el costo del valor del *kit* de inicio. No hay razón para que los prospectos abriguen sentimientos negativos hacia el negocio, como tampoco hay razón por la cual no deberían intentarlo de nuevo con otra compañía, con otro producto y con otro patrocinador diferente, es decir: con usted.

Las circunstancias cambian y algunas veces dramáticamente. Uno de los cónyuges puede perder su empleo, el automóvil necesita ser remplazado, o la casa requiere de una remodelación.

Muchas personas llegan a un punto en la vida en el que sus prioridades cambian. Cada vez más hay más gente que tiene que desplazarse hacia el trabajo todos los días que se pregunta si el afán de ir de un lado para otro vale la pena el esfuerzo en términos del sacrificio en salud y vida personal.

Ahora consideremos cuántos de los que se les ofreció la oportunidad de negocio declinaron. Diez veces el número de los que iniciaron es un estimado realista.

¿Cuántos de los que dijeron "no" estaban 100% convencidos que el negocio no era para ellos? Muchos factores debieron haber influido en su decisión —credibilidad, afinidad o habilidad de la persona que les ofreció vincularse al negocio; el atractivo de los productos que representaban, y las circunstancias personales al momento en que se les presentó la oportunidad.

"No" pudo haber significado: "No con usted", "No con su compañía", "No por ahora", o "No tengo información suficiente".

La decisión no necesariamente tuvo que haber sido en blanco o negro, quizás estuvo en la amplia gama del gris.

Nada es para siempre. Aquello ocurrió antes, pero ahora estamos en el aquí y en el ahora. Todos los que han estado en el negocio antes, o que quizás han considerado la idea, están listos para volver a firmar. Los siguientes 5 pasos le ayudarán a hacer que estos prospectos se vinculen a su organización:

1. Pregúntele a cada persona que conozca si él o ella alguna vez ha estado en el negocio de las ventas directas o si conoce a alguien que lo haya estado. Si la persona estuvo lo suficientemente interesada como para firmar, su soporte y experiencia pudieran hacer la diferencia en esta ocasión. Todo el mundo se merece una segunda oportunidad, de modo que no dude en ofrecérsela a quienes deseen tener su propio negocio.

    Esté preparado para hacer un poco de promoción. La gente vive un poco renuente a hablar sobre su experiencia anterior con las ventas directas si sienten que de alguna manera fallaron o fracasaron. Hágaselo fácil para ellos. Haga preguntas directas como: "¿Alguna vez ha estado en el negocio de las ventas directas?", "¿Alguna vez se lo han ofrecido?", "¿Compra usted alguno de sus productos a un distribuidor directo?"

2. Asegúrese de demostrar empatía con su prospecto mediante decir: "Muchas personas prueban con diferentes compañías antes de encontrar la que se ajusta de forma perfecta a sus circunstancias".

3. Averigüe cuándo se vincularon y lo que les gustaba o disgustaba del negocio. Pregunte por cuánto tiempo permanecieron en el negocio y cuándo lo dejaron. Tan pronto como rompa el hielo inicial encontrará que la mayoría de las personas estará más que dispuesta a compartir sus experiencias. No se preocupe por la idea de escuchar algo que no le guste. El rechazo es un hecho de la vida en la mayoría de los trabajos. Una unidad McDonald típica tiene una rotación de personal completa cada año.

4. Si usted mismo está en el negocio por segunda vez, dígalo. Comparta sus experiencias y explique por qué es diferente esta vez:

☆ "Sé cómo se siente. Duré tres meses con la primera compañía que me vinculé".

☆ "Me alegra tanto haber encontrado a esta compañía. Me siento muy bien aquí".

☆ Demuestre su entusiasmo por su negocio actual.

☆ "El entrenamiento es increíble".

☆ "Los productos prácticamente se venden solos".

☆ Sea específico en cuanto a lo que es diferente ahora.

☆ "Me encantaba vender pero odiaba tener que hacer las entregas. Esta compañía envía todas las ordenes directamente a mis clientes, de modo que todo lo que tengo que hacer es vender".

☆ "Ahora tengo mucho más soporte".

☆ "Esta compañía remunera a los anfitriones de modo que estoy obteniendo más ganancias".

☆ "El plan es mucho más sencillo".

☆ "Solía sentirme culpable porque nunca tenía suficiente tiempo para atender a mis clientes. Esta compañía me ayuda mediante enviar bajo mi nombre un boletín mensual directamente a mis clientes".

5.   Si usted está llamando a alguien que le ha sido referido a usted de parte de otra persona, es correcto decir:

"Conocí a su hermana Kori en una clase de computación y ella me mencionó que usted participaba antes en el sistema de las ventas directas. Yo también estoy en el negocio".

Una palabra de precaución —no esté tan ansioso de vincular de modo que olvide las banderas rojas que se muestren. Si su prospecto tiene preocupaciones legítimas sobre una compañía o patrocinador anterior, escuche atentamente para determinar cómo usted puede hacerlo mejor, pero resista la tentación de concordar. Criticar a un competidor no es ético, especialmente si uno está escuchando solamente un lado de la historia.

Alguien que ha estado con muchas compañías pudiera no ser muy buen prospecto. Usted no querrá vincular un ave de mal agüero que mine la confianza de otros en su organización. Es muy probable que en la compañía anterior se haya alegrado cuando dicha persona decidió retirarse.

No obstante, fracasar no es una condición irrecuperable. Millones de personas están en el negocio por segunda y por tercera vez y muchos llegan a alcanzar un éxito espectacular. Han aprendido de los errores del pasado y ahora están mejor equipados para emprender su negocio.

No todo el mundo es apropiado para este negocio y hay cantidad de razones válidas por las cuales muchas personas lo abandonan. Sin embargo, la gran mayoría lo dejan a causa de problemas que tienen solución mediante cambiar el producto, la compañía o el patrocinador.

Estos prospectos son los mejores y están regresando a raudales mediante vincularse al negocio cada día; y se encuentran a su disposición si usted les aborda de la manera apropiada.

C A P Í T U L O   1 4

Acoja la diversidad étnica

CUANDO MI ESPOSO WAYNE y yo llegamos por primera vez a los Estados Unidos, viajamos por todos los Estados para conocer el país de primera mano. Nos tomó tres años hacer el recorrido y aparte de los paisajes inspiradores, la cultura variada y la gente maravillosa que conocimos, nuestra aventura fue mucho más agradable y emocionante de lo que inicialmente habíamos imaginado.

Como americanos en entrenamiento, nuestro primer desafío fue aprender el idioma. Habíamos emigrado desde Nueva Zelanda, un país de habla inglesa, pero no habíamos previsto que tantas palabras y frases fueran tan diferentes y transmitieran tantos significados tan distintos. Ocurrió muchas veces que estábamos hablando felizmente con alguien sin percibir que la persona no tenía ni idea de lo que estábamos hablando. Ahora nuestros amigos nos informan si por casualidad estamos diciendo algo extraño o fuera del contexto americano.

¿Le sorprende eso? Hasta la serie de libros de Harry Potter escritos por la autora inglesa J. K. Rowling han sido traducidos al inglés americano —incluidos los títulos. Cada país y cada grupo étnico dentro del país incorporan aspectos de su cultura y desarrolla un dialecto singular. Todo ello hace parte de la magia de la diversidad.

Su negocio y su vida se enriquecerán si se mueve fuera de su zona de confort para acoger la diversidad. Hay un talento enorme en los 100 millones de americanos de origen hispano, afroamericano o asiático.

Las minorías étnicas desempeñan un papel significativo en el crecimiento de esta industria, y no es de sorprender porque su número está aumentando de manera más rápida en comparación con la población general.

La población asiática está creciendo a una tasa del 3% y la población de afroamericanos al 2%. La mitad de los bebés que nacen cada año son de origen hispano y constituye la minoría de mayor crecimiento en América. Con una población de 44.5 millones de personas, 1 de cada 7 americanos es hispano.

Y aquí hay otro hecho interesante: aunque la edad media de los americanos es de 36.2 años de edad, la medida media para los blancos no hispanos es de 40.3, para los asiático americanos es de 33.2, para los afroamericanos es de 30 y para los hispanos es de 27.2 años.

Esta población joven representa nuestro futuro. Si usted desea construir una organización diversa, incorpore los siguientes pasos en su estrategia para vincular prospectos:

☆ Amplíe su círculo de amigos y conocidos. La forma más rápida de hacer crecer su negocio siempre será a través de las personas conocidas. Acceder a un grupo sin tener contactos personales es un camino difícil. Si usted procura de forma activa establecer amistades de personas con una variedad de antecedentes distintos, abrirá ante usted un mundo de posibilidades.

☆ Aprenda al máximo sobre otras culturas diferentes a la suya. Cuando desconocemos los valores fundamentales de las personas con las que esperamos trabajar, no sólo hay insensibilidad de nuestra parte, sino que también constituye la receta para el fracaso.

☆ Si usted vive en una zona donde no se encuentre un amplio espectro de la sociedad, intente ensanchar su círculo de contactos.

Estos son algunos lugares y medios donde se encuentran personas de diferentes grupos étnicos:

➤ Restaurantes de gastronomía internacional y tiendas frecuentadas por personas de diferentes antecedentes.

➤ Centros comerciales donde hay grandes concentraciones de personas pertenecientes a minorías étnicas.

➤ Centros comunitarios, gimnasios y clubes donde acuden personas de diferentes agrupaciones étnicas.

➤ Desfiles, exhibiciones y festivales.

➤ Periódicos y revistas dirigidos a una población en particular.

➤ Asociaciones de profesionales dirigidas por grupos étnicos.

➤ Programas de educación para adultos como "Clases de inglés como segunda lengua".

➤ Programas deportivos y juveniles para vecindarios de grupos étnicos.

Determine las razones específicas por las cuales su negocio es llamativo para algún grupo étnico en particular. Por ejemplo, menos del 2% de los cargos gerenciales de las corporaciones Fortune 500 son ocupados por mujeres de origen hispano, africano o asiático. Anime a aquellos cuya educación y habilidades clamen por una posición gerencial y que a la vez se pregunten si es sabio trabajar en un entorno donde las posibilidades estén en su contra. Demuéstreles cómo el empezar su propio negocio ofrece muchas mejores alternativas.

☆ Respete las diferencias culturales. Por ejemplo, si usted desea vincular personas de origen asiático a su negocio, tenga presente que el asunto del alimento está inherentemente engranado en todos los aspectos de su vida. Despliegue hospitalidad sirviendo alimentos antes de sentarse a hablar de negocios. Siempre dé prelación a las personas mayores en vez de a las personas jóvenes. Acepte el respeto que manifiestan los asiáticos para el cabeza del hogar y no se sorprenda cuando una mujer asiática diga que desea considerar su oferta con su padre o con su esposo antes de vincularse.

☆ Haga un esfuerzo sincero por conectarse con su prospecto. Por ejemplo, si éste al principio habla español, aparte tiempo para aprender algunas palabras antes de dirigirse a la persona.

☆ Si el inglés es el segundo idioma de la persona, facilítele a su prospecto las cosas mediante seguir las sugerencias a continuación:

> Hable lenta y claramente.

> Use palabras básicas y frases sencillas.

> Evite utilizar jergas o palabras muy técnicas de la industria.

> Pause con frecuencia para permitirle a su prospecto tiempo para asimilar lo que usted dice.

> Esté atento a las señales que indiquen que la persona le está entendiendo, como por ejemplo contacto visual, asentir con la cabeza, sonreír o hacer preguntas.

Si sus prospectos no están entendiendo lo que usted está diciendo, usted está perdiendo su tiempo y ellos también:

• Asegúrese que sus productos, materiales de entrenamiento y programas de apoyo, satisfagan las necesidades de sus prospectos. Por ejemplo, verifique que sus cosméticos son apropiados para tonos de piel oscuros: en el caso de los afroamericanos, vea que su literatura presenta modelos de su grupo étnico.

• Si no está seguro de los protocolos que debe seguir, solicite información oportuna. Sus prospectos apreciarán los esfuerzos sinceros que haga por observar las formalidades que ellos observan. Implica tiempo y esfuerzo llegar a prospectos de diferentes grupos étnicos, sin embargo, las recompensas son abundantes. Y no sólo aumentará dramáticamente el talento a su disposición, sino que a su negocio le beneficiará la perspectiva y la contribución que hagan los vinculados de orígenes diversos.

CAPÍTULO 15

Ayude a sus auspiciados a hacer el cambio

EL 15% DE LOS AMERICANOS es empleado independiente y de acuerdo al U.S. Census Bureau, el número de americanos que trabaja desde casa está creciendo al doble del ritmo de la fuerza laboral estadounidense.

Los negocios de propiedad privada son la columna vertebral de la economía de los Estados Unidos. Los negocios pequeños suman la mitad de la producción total del país y emplean a la mitad de la fuerza laboral del sector privado. La mitad de los negocios pequeños funciona a nivel casero.

El espíritu empresarial está más vivo que nunca. Observe el número de centros de cuidado corporal, ventas al detal, floristerías, cafeterías, spas, salones de belleza, gimnasios, servicios para la atención del hogar y centros de apoyo para los negocios que se ven en su ciudad.

Muchas de estas empresas pequeñas están atadas a préstamos a largo plazo, o por los crecientes costos por observancia a las normas de ley, pagos elevados por préstamos y pagos al personal. Lo común es trabajar largas horas por una remuneración modesta. Con frecuencia las ganancias se van directo a los prestamistas o dueños de locales. Y muy pocos trabajadores independientes tienen un plan de jubilación o seguro de salud.

De acuerdo a American Small Business Administration, menos de la mitad de los negocios privados sobrevive lo suficiente para celebrar su cuarto aniversario. A eso hay que sumarle la lista invisible de expectativas y sueños rotos. ———

Pero no tiene que ser de esa manera. Las redes de mercadeo o los planes de negocio a terceros representan una oportunidad de tener negocio propio sin la necesidad de asumir la carga de tener que ir solos. Iniciar uno de estos planes de mercadeo cuesta muy poco y mantenerlo, casi nada. Aparte de una pequeña suma de dinero para invertir en el *kit* de inicio, no se requiere de un capital de inversión para comenzar. De modo que no se necesita capital para respaldar su inversión ni tampoco conseguir un préstamo. No existen límites en cuanto a lo que usted pueda ganar y no tiene que sacrificar la vida familiar o la relación con sus amigos para unirse al gran escalafón de triunfadores.

¿Cómo presentarle la oportunidad a alguien que la esté buscando o a alguien que sea propietario de un negocio?

Las cifras ya están todas a su favor. 15 millones de empresarios ya participan del mercadeo en redes o de un negocio a terceros y el momento clave para crecer es ahora.

Estos son los mensajes que usted necesita compartir:

☆ El cemento y el ladrillo no hacen un negocio. Las personas son las que hacen el negocio. Si el prospecto necesita la seguridad de un edificio, muéstrele fotos de la sede central de su organización.

☆ Si su prospecto tiene grandes sueños de libertad financiera, cite a Warren Buffet, quien llamó al sistema de ventas directas como "el sueño de los inversionistas".

☆ Mencione unos cuantos nombres para impresionar a su prospecto. Warren Buffet, uno de los hombres más ricos del mundo, y el empresario de Virgin, Richard Branson, ambos son dueños de compañías de mercadeo.

Y aunque estas cifras impresionantes ayudan a acrecentar la confianza, sus mejores herramientas de vinculación son las experiencias que usted mismo conoce. ¿Cómo dejaría de reconocer el dueño de un negocio la sinergia de la asociación donde una de las partes cuida de la espalda del negocio y la otra se concentra en las actividades frontales que producen los ingresos?

¡Imagínelo! No se necesita un plan de negocios, ni inventario, ni préstamo bancario, ni locales comerciales, ni arrendamientos, ni personal, y todo ello, libre de presiones. Y si al final el negocio no funciona, su prospecto podrá irse sin haber arriesgado mucho ni perder grandes capitales. Los negocios de mercadeo en redes ofrecen todos los beneficios de ser empleado independiente y absolutamente nada de factores de riesgo.

Otro aspecto para considerar es el interés que la gente tiene en invertir en un modelo de negocio que a mi juicio desafía la cordura —el sistema de franquicias. ¿Por qué querría alguien invertir en una franquicia costosa cuando las redes de mercadeo ofrecen un mejor modelo de negocio? Una franquicia típica cuesta USD $100.000 o más para iniciar, y los honorarios promedio al año son de USD $25.000 más las regalías en curso y las contribuciones de mercadeo que se llevan alrededor del 10% de las ganancias. Y si eso no es lo suficientemente aterrador para disuadir a alguien de invertir en franquicias considere este otro factor —la industria de las franquicias no está regulada lo suficiente.

Francamente, su negocio es mejor y si usted no prospera, nadie va a enterarse de ello. Pero cuanto más promueva usted su oportunidad, mayores posibilidades tendrá de atraer a alguien que en el presente ya sea propietario, esté considerando la idea o esté investigando activamente sobre el negocio.

Las redes de mercadeo representan una oportunidad sin riesgo para poseer un negocio que reporta buenos dividendos desde el mismo día de inicio. La estricta regulación que gobierna al negocio lo protege a usted y a sus clientes.

Aparte del pequeño *kit* de inicio que usted recibe, su asociado corporativo invierte en usted de otras maneras. Pero si el asunto no funciona usted no tiene que preocuparse de tener que deshacer un contrato. Usted puede retirarse del negocio en cualquier momento en que desee hacerlo y no habrá perdido nada.

Allá afuera hay millones de personas que no saben o no entienden acerca de nuestra industria. Encárguese de dar a conocer el asunto como si se tratara de una franquicia. Ofrecemos todos los beneficios que éstas ofrecen —los productos, el mercadeo, la pericia y el soporte— pero sin costos ni restricciones asociadas.

Todo dueño de negocio es un prospecto. Recuerde que las largas jornadas de trabajo, los bajos ingresos, los pagos tardíos y los clientes que no cumplen con los acuerdos de sus facturas terminan por echar al piso los sueños de muchos empresarios. Busque a estos prospectos e invítelos a unirse a su increíble oportunidad de negocio de bajo riesgo y de altas recompensas.

Los pavos reales y otros buenos prospectos

TODO LÍDER DE UN NEGOCIO sabe que la manera más inteligente de construir su equipo consiste en contratar personas con rasgos de personalidad idóneos para el negocio, así como en desarrollar las habilidades de su personal.

Si la personalidad no importara, los empleadores contratarían con simplemente mirar una hoja de vida. Pero el asunto no funciona así. Las buenas hojas de vida conducen a una entrevista. En la entrevista — donde los empleadores consiguen evaluar a la persona real— es donde se obtiene o no el puesto.

En las redes de mercadeo no funciona de forma distinta. Cada nueva habilidad que se necesita para ser exitoso se aprende en el trabajo. Pero para construir su organización, lo que cuenta es conseguir el tipo de personalidades correcto.

A todos nos gusta pensar sobre nosotros mismos que somos únicos y singulares. Y lo somos. Existen tantas personalidades distintas como gente en el planeta. También es cierto que compartimos características de personalidad con los demás. Dichas características nos permiten agrupar las personalidades en diferentes tipos.

Aunque mi meta aquí no es convertirlo a usted en psicólogo principiante, usted creará más oportunidades para construir su organización
si aprende a reconocer e interactuar con los diferentes tipos de personalidad. No solamente le ayudará a identificar sus prospectos, sino que
también le servirá para determinar la forma correcta de abordarlos, así
como de apoyarlos para que prosperen en su negocio.

Todos damos pistas sobre nuestra personalidad por la forma como
caminamos, hablamos y escuchamos. Otras pistas también provienen
de nuestro lugar de procedencia, de la forma como decoramos nuestro
hogar y de los autos que conducimos. Del mismo modo, enviamos señales sobre nuestra personalidad a través de la ropa que utilizamos y
del trabajo que escogemos. Revelamos mucho sobre nosotros por las
personas que escogemos como amigos y por el tipo de relaciones que
tenemos con ellos. Otras pistas se hallan en los libros que leemos, en
los programas de televisión que miramos y en la forma como utilizamos nuestro tiempo libre. Cada aspecto singular de nuestra vida, hasta
la forma como reaccionamos ante la presión, revela nuestra verdadera
personalidad.

Tal vez los auspiciadores estelares no tienen en realidad un gran
secreto. La clave está en desarrollar el arte de leer a las personas y de
aprender a comunicarse desde su perspectiva. Implica conocer la forma
más rápida de generar confianza y empatía, así como de desarrollar
habilidad para adaptarse a la personalidad de sus prospectos.

Cuando uno se pone en los zapatos de la otra persona le resulta más fácil cultivar relaciones. Así uno sabe cuáles botones presionar
para comunicar de la mejor manera su oportunidad a otros. Entonces
la pregunta es: ¿cómo se puede aprender el arte de leer la personalidad
de la gente?

Con el propósito de ayudarle a desarrollar las habilidades de su
personal de una manera que resulte sencilla de aprender, divertida de
utilizar, fácil de recordar e implementar al entrenar a los vinculados,
he relacionado cada tipo de personalidad con una especie de ave bien
conocida.

Inicie haciendo una lista de las personas a su alrededor, así le será fácil analizar a quienes conoce:

☆ Usted mismo/misma

☆ Su cónyuge

☆ Sus hijos

☆ Sus hermanos

☆ Sus amigos

☆ Los miembros de su equipo

☆ Sus jefes y compañeros de trabajo

☆ Personas a quienes usted admira

☆ Personas con quienes no tenga una gran relación

☆ Alguien que le intrigue o con quien le resulte difícil trabajar

Diviértase asociando a cada persona de su lista con una de las aves que se describen a continuación. Todo lo que usted necesita hacer es encajar sus características personales con las aves a las cuales más se asemejen. Usted no tiene porqué hacer esto solo. Invite a sus amigos, a familiares o a miembros de su equipo para que se analicen a sí mismos y a otros. Usted podrá hacer esto alrededor de la mesa del comedor de su casa, en la zona de cafetería de su empresa o en una reunión de entrenamiento.

Cuando sienta que ya domina la técnica, aplíquela a cada persona que conozca. Su base de prospectos se expandirá dramáticamente cuando abarque un espectro de personas más amplio. Si usted enseña a sus nuevos vinculados a dominar el arte de hacer prospectos con base en la personalidad, observará que el potencial se vuelve ilimitado.

Comparar las personalidades con aves también le ayudará a convertirse en un comunicador más empático. Cuando usted logra entender la perspectiva de sus prospectos halla que es más fácil hacer sentir bien a la gente consigo misma y con usted. ¿Qué mejor fundamento que ese para una relación fuerte?

LOS PAVOS REALES

Los pavos reales están motivados por la atención. Les encanta ser el centro de todo.

Son coloridos, espontáneos y apasionados. Irradian calidez y hacen amigos fácilmente. Les encanta socializar, especialmente cuando son el centro de atención. Son entusiastas y extrovertidos, les encanta hablar. Ellos nos informan sobre la película más reciente, el restaurante más visitado del momento, o los últimos chismes de las celebridades. Los invitamos a nuestras fiestas para que nos deslumbren con su ingenio chispeante y sus personalidades efervescentes.

Usted es un pavo real si a la gente le gusta estar a su alrededor, aun cuando en ocasiones se tome más de una parte en la conversación. Usted es un pavo real si habla rápido y con frecuencia, si toma el teléfono tan pronto como se siente solo y si no puede concebir la vida sin un teléfono celular. Usted es un pavo real si se le conoce por exagerar o embellecer la historia para agregarle efecto. También es un pavo real si le encanta la ropa y no soporta las ganas de probarse la última moda.

Los pavos reales se interesan en otros pero pueden ser inconstantes si su atención es capturada por algo nuevo. Cuando uno está en la compañía de un pavo real puede estar seguro de que no va a tener un momento aburrido, no obstante, la intensidad de su compañía puede hacerse un tanto desgastante. Los pavos reales extremos harán cualquier cosa para obtener la atención de los demás.

Cómo encajan los pavos reales en el negocio

Los pavos reales son trabajadores en red por naturaleza. Su vitalidad y espontaneidad son ideales para el negocio. Su entusiasmo es contagioso y su personalidad agradable atrae tanto a clientes como a prospectos de vinculación. Cuando se trata de realizar tareas repetitivas, como mantener registros, tienden a ser indisciplinados y a veces tienen una lista de proyectos inconclusos y cambian fácilmente de una tarea a otra. También tienen dificultad para recordar fechas y detalles y en ocasiones pueden hacerse poco confiables. Sin embargo, iluminan los espacios donde entran y rápidamente pasamos por alto sus olvidos.

Cómo abordar a los pavos reales

Venda la idea general y evite entrar en detalles, de lo contrario se arriesga a perder la atención de su pavo real. Estos se distraen con facilidad. Permita que ellos hablen la mayor parte del tiempo. Los pavos reales no estarán tan interesados en los pormenores del plan de compensación, pero se sentirán atraídos por los viajes, las recompensas, las convenciones —especialmente si tienen la oportunidad de sobresalir la noche de premiación. Los pavos reales son impulsivos, así que no se sorprenda si deciden unirse a su negocio sin mucho preámbulo.

Cómo mantener motivados a los pavos reales

Los pavos reales trabajan duro por obtener recompensas y reconocimiento. Ponga muchas zanahorias frente a ellos para mantenerlos concentrados.

Anímelos a hacer uso de cualquier ventaja o servicio automatizado que ahorre tiempo disponible en la compañía, así ellos podrán estar más tiempo frente a la línea frontal donde son más efectivos. Permita que disfruten de elogios frecuentes y manténgalos ocupados recordándoles lo que pueden obtener la noche de las premiaciones. Permanezca en contacto con ellos tanto personal como telefónicamente. Es muy probable que olviden revisar su correo o contestar sus mensajes de voz.

Los pavos reales necesitan de bastante mantenimiento, tienen periodos de atención cortos y se cansan con facilidad. Para permanecer motivados necesitan estímulo constante, pero con la dirección apropiada producen resultados sobresalientes. Les encanta patrocinar a otros especialmente cuando sus protegidos les demuestran reconocimiento público.

LAS PALOMAS

A las palomas las motiva el deseo de hacer una contribución valiosa a cualquier causa. Les gusta ser valoradas.

Las palomas son sensibles, protectoras y amables. Manifiestan amistad genuina y acuden en auxilio de otros. Usted podrá contar con las palomas cuando las necesite. Antes que usted llegue a conocerlas bien, parecen un poco reservadas pero son muy leales una vez se establece amistad con ellas. Las palomas se sienten atraídas por los trabajos donde hay espacio para ayudar a los demás de forma significativa.

Usted es una paloma si sabe escuchar a otros o si la gente confía en usted y acude a su lado en busca de ayuda. Usted es una paloma si intenta evitar los conflictos y es un pacificador y prefiere mantener sus opiniones en reserva para usted, no obstante es tolerante y acepta las diferentes opiniones y puntos de vista. Lo más probable es que huya de los desacuerdos en vez de herir los sentimientos de otra persona. Usted es una paloma si disfruta de dar y recibir regalos, recuerda los cumpleaños con facilidad y pregunta qué puede llevar si se le invita a disfrutar de una comida.

El altruismo, la empatía y la generosidad de las palomas hace que se ganen el cariño y respeto que merecen, no obstante, su naturaleza amable les hace vulnerables a ser explotadas. Aunque tal vez se resientan, tienen dificultades para decir no. Así que con frecuencia terminan aceptando más compromisos de los que debieran. Las palomas extremas sacrifican sus propias metas para ayudar a los demás.

Cómo encajan las palomas en el negocio

Las palomas se interesan sinceramente por cuidar de otros y disfrutan ayudándoles a alcanzar su potencial. Las palomas son atentas con sus clientes, aunque deben vencer su vacilación para abordarlos y hablarles de su negocio. Dada su disposición de apoyar a otros y su intuición, se convierten en grandes mentores una vez aprenden a dirigir a su personal.

Las palomas asumen muy en serio sus responsabilidades y se sienten orgullosas cuando sus protegidos obtienen reconocimiento y elogios. No buscan la aclamación pública pero les agrada saber que su apoyo es apreciado.

Cómo abordar a las palomas

Asegúrese de no pasar por alto a las palomas simplemente porque no estén en la fila del frente. Las palomas son muy tranquilas, especialmente cuando están en grupos grandes. Tome la iniciativa para abordarlas pero no las presione. Las palomas son conservadoras y prefieren ir lento.

Ellas disfrutan escuchar sobre las causas humanitarias que apoyan la corporación a la cual pertenecen (las corporaciones de venta en los Estados Unidos donan más de USD $100 millones a causas humanitarias cada año).

Una vez que las palomas le hayan concedido la cortesía de su atención, concédales tiempo y espacio para tomar la decisión. Ellas no toman riesgos y prefieren sentirse seguras antes de comprometerse. Se apartarán de su lado y alzarán el vuelo si sienten que usted las está presionando.

Cómo mantener ocupadas a las palomas

Dé a sus palomas mucho estímulo y apoyo al inicio y ellas crecerán de forma sostenida. Ellas necesitan sentir que lo que están haciendo vale la pena. Cumpla siempre las promesas y nunca olvide llamar cuando prometa que va a hacerlo. Las palomas también necesitan sentir que son apreciadas, y responden muy bien al apoyo y al entrenamiento. Con ellas funciona mejor una llamada personal o una nota escrita a mano que un correo electrónico.

LOS PETIRROJOS

Los petirrojos se sienten motivados por la necesidad de ser aceptados y de pertenecer a un grupo.

Son sociales por naturaleza y son más felices cuando hacen parte de un grupo. No son exigentes y son muy adaptables; rara vez son iniciadores pero les encanta ir con la corriente. Aunque disfrutan cuando son incluidos en las reuniones sociales, no necesitan convertirse en el centro de atención. Disfrutan siendo parte de una audiencia apreciativa y dejan que las personalidades más predominantes asuman el control.

Usted es un petirrojo si por lo general permanece animado y es optimista respecto a la vida y les asigna un valor muy alto a la familia y a los amigos. También es un petirrojo si se puede contar con usted en cuanto a hacer contribuciones significativas a las actividades de su grupo sin importar lo que esté pasando en su vida personal. Usted es un petirrojo si busca la aprobación de otros y prefiere consultar la opinión de un amigo antes de tomar una decisión importante. Usted es un petirrojo si no le gustan los cambios pero trabaja duro para adaptarse a las necesidades de otros, aun si eso significa tener que ajustar sus propias necesidades.

Cómo encajan los petirrojos en el negocio

Los petirrojos disfrutan el lado social de las redes de mercadeo. Son personas maravillosas para el negocio porque son agradables y logran adaptarse a la mayoría de las situaciones. Hacen amistades con facilidad y suelen agradar a la gente.

Los petirrojos reaccionan a la presión de grupo. Luchan para conseguir las mismas cosas que los demás y no les gusta perderse de nada. Los petirrojos son constantes y estables. Una vez han encontrado su nicho de trabajo es posible contar con ellos en lo que se les necesite. Su deseo probablemente no es convertirse en auspiciadores estelares, pero se adaptan a todos los grupos como personas leales y confiables. Los petirrojos extremos tienen mucha dificultad para funcionar fuera del grupo.

Cómo abordar a los petirrojos

Hágales sentir que son necesitados. Ellos aman las historias inspiradoras sobre cómo se han vinculado otros al negocio, así como los testimonios de los miembros de su grupo. También se interesan por saber sobre los antecedentes de la compañía y anhelan disfrutar del ambiente acogedor en su grupo de trabajo.

Los petirrojos aprecian las oportunidades de tener nuevos amigos y de hacer parte de un grupo nuevo. Sea paciente. Los petirrojos son cautelosos cuando se trata de tomar decisiones. Esté preparado para cuando ellos digan que quieren considerar el asunto con la familia o los amigos antes de vincularse. Si le resulta posible, es aconsejable invitar a los amigos de ellos primero y presentarles la oportunidad.

Cómo mantener motivados a los petirrojos

Dado que los petirrojos tienden a seguir al líder, su desempeño depende en buena medida de su liderazgo y de la dinámica que usted le imprima a su grupo. Dé el ejemplo y verá cómo sus petirrojos le siguen. Ellos responden bien a las instrucciones específicas y una vez saben qué es lo que se espera de ellos, saben responder de la mejor manera posible en la mayoría de situaciones. Asegúrese de hacerles saber que usted disfruta de tenerlos en su grupo.

LOS CHOCHINES

A los chochines les motiva la seguridad.

Buenos trabajadores y valientes, son supervivientes consumados y hacen lo que sea necesario para proveer a quienes les rodean.

Los chochines no son muy sociables fuera de su muy estrecho grupo familiar. Son cautelosos con los extraños y tienden a ser reticentes respecto a compartir información sobre sí mismos. Tienen personalidades intensamente privadas y no buscan fácilmente hacer amistades, más bien prefieren tener uno o dos confidentes en quienes confiar. Los chochines extremos son solitarios.

Usted es un chochín si evita los tumultos de gente y prefiere rentar un DVD en vez de ir a ver la película al teatro. Usted es un chochín si se le invita a una fiesta y entonces empieza a buscar una excusa para decir no si la invitación proviene de fuera de su zona de confort. También es un chochín si es más feliz teniendo su familia a su alrededor y le disgustan las interrupciones a su rutina. Los chochines prefieren el silencio a las conversaciones. A los chochines no les gusta hacer mucho uso del teléfono celular (a menos que usted lo haya dejado olvidado en algún sitio, lo cual indica que probablemente usted es un pavo real).

Cómo encajan los chochines en el negocio

Los chochines tienen la disposición de las amas de casa y trabajan duro para suministrar lo que su familia necesita. Nunca desilusionan a quienes han puesto su confianza en ellos. Los chochines tienen una cualidad maravillosa conocida como *sagacidad en la calle*. Dado que tienen una fuerte necesidad de seguridad, obtienen resultados donde otros fracasan. No se dan por vencidos con facilidad y echan mano de todos sus recursos para alcanzar sus metas. Los chochines tienen una habilidad innata para rebotar de los fracasos y superar los errores. Nunca subestime a un chochín.

Cómo abordar a los chochines

Los chochines están hechos para trabajar desde su casa, sin embargo no son las personas más fáciles para abordar. Concéntrese en la flexibilidad que les permite combinar sus responsabilidades de trabajo y de familia.

No permita que la disposición de escuchar de los chochines le dé a usted un falso sentido de seguridad. Puede tomar tiempo ganar la confianza de un chochín, pero cuando lo haga, descubrirá un sentido especial de sagacidad para el negocio. Nunca subestime el potencial de estos prospectos que al comienzo resultan difíciles de concretar.

Cómo mantener motivados a los chochines

Los chochines necesitan poco estímulo externo para alcanzar las metas que se proponen. Ellos hacen lo que sea necesario para alcanzar sus metas. Su iniciativa y empeño le sorprenderán.

LAS ÁGUILAS

A las águilas las motiva el éxito, el estatus y el poder.

Las águilas son ambiciosas y orientadas a metas. Nacieron para ganar, y para hacerlo en grande. Las águilas saben lo que desean y no permiten que nada ni nadie se interponga en su camino. Toman decisiones de forma rápida y no escatiman esfuerzos. Tienen poco tiempo para las conversaciones triviales y suelen ser directas e ir al grano, lo cual no agrada a todo el mundo. Las águilas no temen enfrentar conflictos. A veces hablan sin tacto y hieren susceptibilidades creando así resentimientos. Las águilas extremas tienden a ser opresivas y antagónicas.

Las águilas demuestran confianza, son carismáticas y asertivas. Tienen mucha confianza en sí mismas y la habilidad de lograr el éxito, sin importar las dificultades. Asigne un trabajo a un águila y esté seguro que será realizado, a pesar que le disgusten las minucias. Las águilas son persuasivas cuando quieren algo y no tienen escrúpulos cuando desean conseguirlo. Se hacen encantadoras para conseguir lo que quieren, pero si el encanto no funciona, pudieran recurrir en casos extremos a la coerción.

Si usted es un águila es altamente competitivo. Odia perder aun cuando lo que se pierda sea mínimo. Afortunadamente tampoco sufre de tonterías pero se pone impaciente cuando la gente se inmiscuye en sus asuntos. Usted es un águila si no soporta esperar en las filas y acelera cuando el semáforo todavía está en amarillo. Usted es un águila si su billetera está llena de tarjetas de crédito para cliente platino (o estaría llena de estas tarjetas si tuviera esa posibilidad).

Cómo encajan las águilas en el negocio

Las águilas son progresistas y aprovechan las oportunidades para sobresalir frente a sus compañeras. Les encanta el reconocimiento que proviene del logro. La confianza que manifiestan en ellas mismas las hace altamente persuasivas, de modo que no tienen ninguna dificultad en atraer personas para que se vinculen al negocio. Las águilas esperan que sus vinculados tengan su desempeño pero no menor al que esperan de ellas mismas, de modo que son excelentes líderes. Su ímpetu y ambición les da posibilidades por encima del promedio para lograr el éxito.

Cómo abordar a las águilas

Hágalas sentir importantes. Las águilas son exigentes, orientadas al estatus y manifiestan confianza suprema. Captan rápidamente el potencial del negocio como la manera de alcanzar lo que quieren en la vida. Las águilas son impacientes, no se detienen en cosas de poco valor. Usted puede apuntar alto en los objetivos de un águila. Háblele sobre las recompensas que se obtienen por alcanzar los mayores niveles del plan. A las águilas no les interesan las recompensas modestas. Buscan obtener lo mejor y están convencidas que lo merecen sin cuestionamientos ni vacilación.

Cómo mantener motivadas a las águilas

Las águilas son las aves mejor automotivadas. Una vez que ellas establecen un compromiso, su confianza, carisma y ego supremo se convierten en fuerzas poderosas para conformar su organización.

El reconocimiento es importante para las águilas, pero las recompensas tangibles les entusiasman aún más. Ellas aman hacer alarde de viajes exóticos, automóviles último modelo, joyas, invitaciones VIP para eventos y trofeos, los cuales despliegan como símbolos de su éxito, hecho que les motiva más que los mismos elogios. Asigne a un águila una meta, especialmente una ligada a un asunto de estatus y el águila la alcanzará.

LOS BÚHOS

A los búhos les motiva el deseo de adquirir conocimiento y comprensión de las cosas.

> *El viejo búho se posó en el roble.*
> *Cuánto más miraba menos hablaba.*
> *Cuánto menos hablaba más escuchaba.*
> *¿Por qué no podemos ser como este pájaro sabio?*

Este poema infantil resume muy bien la personalidad del búho. Éstos son pensadores, calmados, pacientes y observadores, les interesan y les motivan los detalles. Los búhos saben obtener suficiente información, hechos, cifras y datos. Son organizados y les molesta el desorden. Los búhos extremos son acaparadores porque rehúsan descartar cualquier artículo que les sea útil más adelante. Los búhos extremos también pueden ser obstinados y extremadamente selectivos.

Aunque son de naturaleza seria y a veces carecen de habilidades sociales, los búhos son muy veraces con la gente que respetan. Sus personalidades analíticas y recalcitrantes resultan frustrantes en ocasiones (excepto para otros búhos), pero son honestos, confiables y muy trabajadores.

Usted es un búho si tiene un cajón apretado de calcetines y si conoce con bastante exactitud el balance de su cuenta bancaria. Usted es un búho si piensa que leer el plan de compensaciones representa una lectura interesante. También es un búho si le fascinan los programas sobre ciencia y disfruta de resolver problemas matemáticos. Usted es un búho si hace listas de tareas y las chulea metódicamente a medida que las va realizando. También es un búho si disfruta jugar Sudoku y encuentra que el juego es más interesante cuando es más difícil.

Cómo encajan los búhos en el negocio

Los búhos disfrutan siendo empleados independientes porque eso significa que tienen control de sus ingresos. También les gusta sacar partido de las exenciones tributarias incluidas en el contrato. Siendo muy racionales, los búhos no hablan de nada que no puedan respaldar con información confiable. Reconocen con facilidad las buenas oportunidades de negocio y se dedican aplicadamente a hacer la tarea.

Cómo abordar a los búhos

Los búhos toman decisiones basándose en los hechos. Por lo tanto, haga bien la tarea. Los búhos hacen muchas preguntas y esperan recibir respuestas claras y bien pensadas. Hábleles sobre los ingresos y sobre los beneficios, como por ejemplo los bonos mensuales para gastos de automóvil. A los búhos les complace asistir a las sesiones de consideración sobre los planes de compensación y pronto se hacen expertos en el tema. Su silencio significa que están pensando a cabalidad los asuntos. Los búhos son perfeccionistas. Asegúrese de cumplir con rigurosidad lo que ha prometido y nunca busque excusas.

Cómo mantener motivados a los búhos

Sea organizado. Usted no necesita recordarles a los búhos los beneficios del negocio ni de la necesidad de ser consistentes. Ellos saben muy bien a dónde se dirigen y cómo llegar allá. Es posible que necesiten un poco de ayuda con las habilidades sociales, ya que los búhos a veces subestiman la importancia de la comunicación.

LOS AVESTRUCES

A los avestruces les motiva el deseo de encajar en un grupo.

Los avestruces son poco convencionales. A pesar que desean estar en un lugar determinado, tienden a ser imprecisos cuando se trata de señalar el lugar de destino exacto.

Los avestruces a veces se muestran un poco descoordinados con su entorno y por lo general son algo desorganizados. Cuando enfrentan desafíos, son muy propensos a esconder sus cabezas en la arena en vez de intentar controlar la situación.

Estos personajes interesantes son una grata compañía y su éxito en la vida depende de sus amables personalidades. A ellos nunca les hacen falta los amigos porque son muy sociables y buenos contadores de historias. Los avestruces son generosos y confiables por naturaleza, pueden salir bien librados de situaciones comprometedoras porque no son grandes jueces de carácter. Sus amigos suelen acudir en su rescate.

Usted es un avestruz si su casa es desordenada y si nunca recuerda dónde dejó las cosas. También es un avestruz si no es tan bueno con los asuntos del presupuesto y a veces se halla en sobregiro porque se le ha olvidado transferir fondos a su cuenta bancaria. Usted es un avestruz si tiende a posponer los asuntos, especialmente cuando estos implican tomar decisiones importantes. Usted es un avestruz si nunca hace listas, o si las hace, pero luego las olvida.

Los avestruces extremos pueden ser algo desadaptados y verse en apuros para encontrar su lugar en la vida. Mientras que las águilas hacen que las cosas sucedan y los petirrojos esperan a que las cosas sucedan, los avestruces se pasan la vida preguntándose qué fue lo que sucedió.

Cómo encajan los avestruces en el negocio

Las redes de mercadeo representan un entorno bastante amigable y cómodo para los avestruces, quienes no son tan buenos para establecer metas, de modo que aprecian las directrices del plan de compensaciones. Los avestruces disfrutan los beneficios del crecimiento personal y social que hacen parte del paquete.

Los avestruces con dotes emprendedoras e imaginativas disfrutan la flexibilidad del negocio. En vista de que su fortaleza no es la de resolver problemas, aprecian el apoyo y la comprensión de su patrocinador, quien puede hacer toda la diferencia en su desempeño. Y como recompensa de su generosidad y disposición optimista se convierten en miembros populares de su equipo.

Cómo abordar a los avestruces

Si hay pocos avestruces en las redes de mercadeo es porque nadie piensa en abordarlos. No juzgue por las apariencias ni subestime su potencial porque parecen poco convencionales. Ya que los avestruces son buenos para escuchar, demostrarán su interés en lo que usted tiene para compartir con ellos, y les complacerá saber que usted los considere aptos para salir adelante con el trabajo. Los avestruces están ansiosos de obtener logros, por lo que apreciarán las oportunidades que las redes de mercadeo les ofrecen.

Cómo mantener motivados a los avestruces

Los avestruces necesitan paciencia y guía. Asígneles tareas a corto plazo en vez de metas a largo plazo. Los avestruces pueden desviarse fácilmente del curso, de modo que siga de cerca su progreso. Asegúrese de que no se pierdan una promoción porque no entendieron o no se fijaron en la letra menuda. Mantenga un buen sentido del humor y no se deje frustrar cuando las cosas no salgan como las espera.

LOS CUCLILLOS

A los cuclillos les motiva el deseo de vivir una vida fácil.

En la vida silvestre los cuclillos ponen sus huevos en nidos construidos por otras aves. Los cuclillos humanos comparten la misma actitud irresponsable y egoísta. Les encanta dejar que otros hagan el trabajo para tener más tiempo libre. Aprovechan todas las oportunidades para obtener cosas a cambio de nada y son muy propensos a aprovecharse de los demás.

Cómo encajan los cuclillos en el negocio

Los cuclillos son demasiado perezosos para trabajar en las redes de mercadeo. Debido a su disposición simpática y cuando desean conseguir algo, puede que encajen un tiempo en el negocio pero dada su poca disposición a cooperar y debido a su dependencia en las otras personas, rápidamente inspiran resentimiento en otros.

Cómo abordar a los cuclillos

A usted le irá mejor sin ellos.

LOS BUITRES

A los buitres les motiva la ambición.

Son predadores inescrupulosos. Aprovechan cada oportunidad que se les presenta para aprovecharse de los demás. Cualquiera que parezca ser débil es su presa.

Cómo encajan los buitres en el negocio

A los buitres les encanta alcanzar el éxito a expensas de otros. Son la antítesis del tipo de personas que necesitamos vincular a las redes de mercadeo.

Cómo abordar a los buitres

Es mejor que usted se mantenga a buena distancia de ellos.

LOS CUERVOS

A los cuervos les motiva el deseo de dominar.

Cómo encajan los cuervos en el negocio

Los cuervos son agresivos, inteligentes y controladores. Les gusta amedrentar a otros e intentan explotarlos compulsivamente y sin compasión.

Los cuervos en su equipo alejan a los miembros que en realidad valen la pena.

Cómo abordar a los cuervos

¡Ni siquiera lo piense!

LOS CISNES

A los cisnes les motiva el crecimiento personal.

Los cisnes no comienzan su vida siendo hermosos y elegantes. Empiezan siendo el patito feo. Tienen sueños grandes pero su baja autoestima representa un gran obstáculo para que puedan alcanzar sus sueños. Anhelan tener éxito y admiran a las personas exitosas. El problema de los cisnes es que tienen dificultades en verse a sí mismos como personas de logros. Muchos cisnes han sido despreciados y humillados por otros, y por consiguiente, creen en su interior que no son dignos o que no tienen las habilidades suficientes para mejorar su situación.

Los cisnes honestos y trabajadores cuentan con todos los ingredientes para lograr el éxito, excepto que les hace falta creer en sí mismos. Los cisnes extremos son tímidos y retraídos.

Usted es un cisne si le encantaban los cuentos de hadas cuando era niño. Usted es un cisne si ve lo mejor de las otras personas pero le sorprenden y hasta se siente abochornado si recibe elogios de otros. Usted es un cisne si es una persona emocional y se le hieren sus sentimientos con facilidad. Usted es un cisne si le encanta soñar despierto y abriga sueños secretos de ser rescatado. Usted es un cisne si subestima su propia apariencia o duda de su inteligencia aun cuando la evidencia pruebe lo contrario.

Cómo encajan los cisnes en el negocio

Las redes de mercadeo son perfectas para los cisnes y los cisnes son perfectos para las redes de mercadeo. Los cisnes tienen un potencial increíble y prosperan con el entrenamiento y el estímulo apropiados. Sin importar cuáles sean sus antecedentes, habilidades o educación, los cisnes tienen la posibilidad de crecer más de lo que ellos alguna vez pensaron que fuera posible. Cuando alcanzan el éxito, son prueba viviente de que este negocio cambia vidas.

Cómo abordar a los cisnes

Los cisnes parecen poco motivados pero eso se debe a que han crecido en una concha protectora que les sirve de defensa contra las frustraciones.

Trátelos con cortesía, pero déjeles saber que usted cree que ellos tienen lo que se necesita para triunfar en el negocio. Su confianza en ellos es la oportunidad que ellos han estado esperando. Asegúrese de compartirles historias sobre cómo algunos han alcanzado el éxito, especialmente aquellas que hablen de personas que pasaron de la pobreza desesperanzada a una vida de abundancia, y que, por lo tanto, demuestren que muchos de los que obtienen los mejores ingresos provienen de antecedentes modestos.

Cómo mantener motivados a los cisnes

Los cisnes receptivos y apreciativos harán lo que sea necesario para vivir de acuerdo a sus expectativas. Nunca le decepcionarán. Harán lo que haga falta para ganar su aprobación y aprenderán con vehemencia todo lo que usted les enseñe. Los cisnes nunca olvidan a las personas que creyeron en ellos y que les ayudaron a vencer sus sentimientos de inutilidad.

Aunque es difícil ganar su confianza y requieren de más entrenamiento que los demás, los cisnes bien valen la pena el esfuerzo. Ellos representan lo mejor de este negocio y cuando triunfan mucho más allá de lo que ellos habían soñado, se convierten en modelos para otros cisnes en formación que están esperando una oportunidad para brillar.

LOS PAVOS

Los pavos representan a todos los prospectos que declinan la maravillosa oportunidad de participar en el negocio de las redes de mercadeo. ¡Sólo es una broma! Pero si de alguna manera eso le ayuda a hacer frente al rechazo, tiene permiso para pensar de esa manera.

¿Cuál es su personalidad?

En este momento usted ya cuenta con buenos elementos para determinar su propio tipo de personalidad. También está en mejor posición para aprender de sus amigos, familiares y miembros de su equipo. Quizás, al leer esta información ya ha tenido varios momentos cumbres en los que ha logrado comprender por qué algunas personas se comportan como lo hacen.

A medida que usted identificaba su tipo de personalidad probablemente descubrió que tenía características de dos o más pájaros. Muchas personas se consideran a sí mismas como híbridos. Su verdadera personalidad es la que sea más dominante, aunque muchos de nosotros somos la combinación de dos de éstas. Si usted cree que encaja con todos los perfiles probablemente sea un pavo real. ¿Comprende lo que quiero decir? Todo depende de usted.

Nadie es un tipo de personalidad extrema. Imagine una escala entre uno (pocas similitudes) y cinco (casi todo aplica a usted). Si no está seguro, enumere a las aves de uno a cinco de acuerdo a la forma como su personalidad encaja con éstas. Estreche sus opciones tanto como pueda y tenga en mente sus características de personalidad más extremas, lo más probable es que usted tenga una personalidad en combo.

Tenga en cuenta también que todos tenemos comportamientos distintos según la situación que estemos afrontando. Ser padre puede sacar a relucir nuestras características de paloma, pero también podemos adoptar la forma de ser de un águila si estamos en una posición de autoridad. Puede ser que el pavo real emerja si estamos en una fiesta, pero en una reunión familiar donde nuestros hermanos mayores están a cargo puede que demostremos las características de un petirrojo. En momentos de adversidad podemos actuar como chochines o convertirnos en palomas y utilizar nuestro infortunio como punto de viraje para ayudar a otros aún menos afortunados.

Algunas personas camuflan su verdadera naturaleza para alcanzar un objetivo como por ejemplo obtener amigos o alcanzar aprobación. Sin embargo, la verdadera personalidad emergerá eventualmente, usualmente bajo situaciones inesperadas, desconocidas o estresantes. Todo esto hace que el proceso de identificar las personalidades de otros constituya un reto mayor pero mucho más interesante.

Debido a su carácter opuesto, las características de algunas aves no pueden ser combinadas. Si usted es un águila, sus características de paloma serán opacadas por su ambición. Si usted es un sociable pavo real, no podrá ser al mismo tiempo un chochín solitario. Sin embargo, los pavos reales pueden tener características de águilas y las águilas pueden tener características de búhos.

Pero este es el punto en cuestión. Esto no es un asunto personal. Tener estas nociones sobre la personalidad ayuda a identificar el tipo de prospectos que podemos vincular al negocio.

Por ejemplo, imagine que usted es un pavo real que habla con bastante entusiasmo y rapidez y su prospecto es un búho ansioso de información. Puede que los datos no sean su punto fuerte, pero ahora sabe que estos son importantes para su prospecto.

Llegue a la entrevista cargado de datos, cifras y estadísticas. Retenga su lengua. Quienes hablan rápido no impresionan a los precavidos búhos. Baje el tono de su entusiasmo y pause con frecuencia para darle a su búho tiempo para pensar en la información que usted le está suministrando. Permita que su búho haga preguntas. No ejerza presión para que sus búhos firmen el contrato o de lo contrario los va a perder. Ellos apreciarán que usted les dé tiempo para decidir lo que quieren hacer.

Si usted es un águila y entra pisando muy fuerte puede que ahuyente a los petirrojos y a las palomas, aves que son bastante necesarias en un equipo de trabajo. Esto es, si usted las nota, porque si no lo hace, ¿quién pierde? ¡Usted!

Si usted es un búho comprenda que no todo el mundo comparte su fascinación por los detalles intrincados del plan de compensación. Si nota que los ojos de sus prospectos empiezan a divagar o a ponerse inquietos, deténgase y empiece a hacer preguntas.

Cuanto más rápido aprenda a identificar y a adaptarse a las necesidades de sus prospectos, más pronto podrá construir su organización. Si usted no está muy seguro respecto a un prospecto, confíe en su intuición. Es probable que tenga alguna impresión de alguna persona, cambie su forma de pensar y dese la oportunidad de saber si esa primera impresión era la correcta. Cuanto más logre entender qué es lo que hace vibrar a una persona y cuanto más aprenda a confiar en sí mismo, mejor preparado estará para invertir su tiempo y para evitar el tipo de personas incorrecto para su organización.

La trampa más fácil en la que se puede caer cuando se está conformando su propia organización es la de buscar personas que sean como uno. Aunque es más fácil establecer una buena relación con personas de disposición mental similar, los auspiciadores más perspicaces buscan tener un espectro amplio de personalidades en su equipo. Si usted tiene un prospecto que es opuesto en personalidad a la suya, pídale a alguien en su equipo con posibilidades de crear más empatía con esa persona que le presente la oportunidad de negocio a ella. Quizás una jugada inteligente sería involucrar a su patrocinador en el proceso o utilizar las herramientas más especializadas para despertar el interés del prospecto en el negocio.

Las dinámicas del equipo realmente importan. Un equipo balanceado produce mejores resultados porque todos obtienen los beneficios de contar con un rango amplio de perspectivas y talentos. Si usted se concentra en uno o dos tipos de personalidad, estará limitando su crecimiento.

C A P Í T U L O   1 7

Por qué el negocio resulta atractivo para las personas de éxito

RODEARSE DE PERSONAS DE ÉXITO es una gran estrategia. No se sienta intimidado por la gente exitosa ni permita que los nervios le impidan acercarse a los líderes respetados de su comunidad y a las personas a quien usted admira.

Usted logrará acelerar su crecimiento si logra vincular a personas con un registro conocido de éxito. Ellos ya han probado que tienen lo que se necesita para llegar a la cima y sus habilidades y talentos serán transferidos al negocio de las redes de mercadeo.

No todas las personas de grandes logros ganan tanto como deberían. De acuerdo al U.S. Census Bureau, cerca de un tercio de los americanos mayores de 25 años tiene al menos un título profesional y gana en promedio USD $52.000 al año. Los que tienen títulos de postgrado avanzados ganan alrededor de los USD $80.000. Y aunque esa cifra es considerada un ingreso razonable en la fuerza laboral, no es tan alta como las cifras de seis dígitos que ganan los que alcanzan los ingresos más altos en las redes de mercadeo.

La economía de los Estados Unidos está cambiando y no presagia cosas buenas para las personas de alto desempeño. Los trabajos que requieren un grado alto de habilidad están desapareciendo y la clase media se está reduciendo. Y existen varias razones por las cuales esta tendencia se está haciendo irreversible.

La globalización

Cada año los trabajos de oficina están desapareciendo vertiginosamente en otros países. Los trabajos de producción manufacturera están siendo llevados a otros países distintos a los Estados Unidos, como por ejemplo China, India, Rusia y países latinoamericanos. Al mismo tiempo que la clase media está emergiendo en India, en los Estados Unidos está disminuyendo.

En el Estado de California —la quinta economía más grande del país— menos del 30% de los trabajadores está clasificado como personas de clase media. Aparte de unos cuantos individuos acaudalados, los demás son trabajadores con bajos ingresos.

El sector de la tecnología está avanzando rápidamente en el extranjero pisándole los talones al sector manufacturero. Las oficinas virtuales están reemplazando las torres de edificios en el centro de las ciudades. El trabajo de desarrollo de sitios web que hace 5 años se cotizaba a USD $100 la hora, ahora se puede contratar a USD $5 la hora en un país no desarrollado —y sin rebajar la calidad del trabajo.

Los circuitos cerrados de televisión están reemplazando a los médicos en las salas de cirugía, y cada vez más y más americanos están prefiriendo optar por cirugías electivas en otros países. Cuando estos ciudadanos regresan a casa, hacen alarde de los hospitales que han visitado, los cuales parecen resorts con tratamientos de 5 estrellas y atención médica de primera clase.

Se entiende que en la sociedad actual se contraten servicios en vez de empleados. Ello aumenta la rentabilidad de la primera línea de mando en las corporaciones. Mientras tanto, los empleados mejor preparados de los Estados Unidos se hacen más pobres a medida que compiten por un número cada vez más reducido de empleos.

La competencia

La educación ha dejado de ser garantía para conseguir un buen trabajo. En el futuro veremos a más y más graduados compitiendo con personas de otros países que tienen un nivel de habilidades y de educación equivalente, pero dispuestos a trabajar por menos dinero.

La automatización

Por todas partes donde vamos las máquinas están reemplazando a las personas. Los cajeros en los bancos están siendo reemplazados por cajeros automáticos. Los viajeros están imprimiendo sus pasabordos en su hogar o en una cabina automatizada en los aeropuertos. Las casetas de pantallas táctiles están apareciendo por todas partes en todo el territorio de los Estados Unidos y los compradores están despachando sus propias mercancías en los supermercados. Los robots están reemplazando a las personas de carne y hueso en las líneas de atención al cliente y cientos de llamadas telefónicas de los Estados Unidos están siendo contestadas en otros países simultáneamente. Ahora imprimimos nuestros propios cupones, estampillas y tiquetes, hacemos reservaciones en línea y pagamos nuestras facturas y manejamos nuestras cuentas bancarias a través de internet. Todo esto hace que la cantidad de trabajos para personas especializadas sea cada vez más reducida.

La productividad

De acuerdo a algunas encuestas, el trabajador promedio desperdicia 87 días año en actividades no productivas tales como llamadas personales, navegar por la red, contestar correos electrónicos, soñar despierto, permisos de ausencia por enfermedad, tomarse más tiempo del debido en el baño y salirse a fumar un cigarrillo. En promedio eso suma más de un día de trabajo a la semana, ¡tiempo que se va figurativamente por el drenaje!

Si usted es un trabajador motivado e industrioso —y trabaja para alguien más— está compensando a los colegas que no se muestran tan comprometidos. Cuando los empleadores calculan los salarios de sus trabajadores lo hacen pensando en tener un valor promedio de los trabajadores buenos y malos. Eso significa que a la mitad de los trabajadores (los flojos) se les paga más de lo que merecen y a la otra mitad (los productivos) se les paga menos de lo que merecen.

Los trabajadores motivados, los que queremos en esta industria, están subsidiando a sus colegas perezosos e ineficientes. Eso no es justo, ¿no le parece? Pero pensando en términos realistas no parece que eso vaya a cambiar.

A menos que usted sea el presidente de una corporación grande, convertirse en empleado independiente es la única manera de asegurar que usted recibe el salario que se merece. Las personas de altos logros están listas para vincularse a nuestro negocio, el cual recompensa los resultados.

Es hora de dar a las personas orientadas hacia el cumplimiento de metas todas las municiones que necesitan para desafiar a sus empleadores.

Hable con cualquier trabajador especializado que conozca y explíquele la forma de empezar un negocio al cual sólo le invierta 10 horas a la semana. En el plazo de un año, habrá invertido 500 horas en el negocio. A continuación permítale decidir si desea dejar su empleo y trabajar en su propio negocio de tiempo completo o continuar a tiempo parcial para coincidir con su ingreso regular. De cualquier forma, tendrá más dinero para gastar y un mejor plan de jubilación, junto con un portafolio de inversiones más saludable.

Pregúnteles a sus trabajadores si sus empleadores pagan sus vacaciones anuales. Luego que terminen de reírse, le contarán que no pueden darse el lujo de viajar y que cada vez tienen más presiones para poder acceder a sus periodos de vacaciones ganados.

Los trabajadores ansiosos nunca dejan la oficina —la llevan con ellos. Se han vuelto tan dependientes de sus teléfonos inteligentes que ahora se considera que son una adicción.

Muestre a sus prospectos fotografías de sus vacaciones anuales en un resort exótico y cuénteles que no le costaron nada. Por supuesto, usted tuvo que trabajar por ellas, pero piense en la cantidad de horas que tuvo que trabajar para lograr su meta. No alcanza a sumar el esfuerzo de una semana de cuarenta horas.

Pregúnteles a sus prospectos si sus empleadores están cubriendo los pagos del préstamo de sus vehículos. Ahora cuénteles cuál auto maneja usted o que éste es un incentivo adicional a su trabajo cuando usted alcanza y mantiene su meta mensual.

No pase por alto mencionar su negocio a las personas de altos logros. Cualquiera con ambiciones y buena ética laboral es un buen candidato para participar en el negocio de las redes de mercadeo.

De acuerdo a una encuesta conducida por Direct Selling Association (la asociación de ventas directas), el 35% de quienes participan en las ventas directas son graduados universitarios y el 8% tienen estudios de postgrado. Hay un oleaje de personas de altos logros que se están uniendo al negocio, así que, asegúrese de no quedarse por fuera.

Cuanto más perspicaz y ambicioso sea usted, menos propenso será a trabajar para otros. La tecnología permite a las personas independientes operar sus negocios pequeños con todos los recursos de una empresa grande. La tecnología inalámbrica permite ocuparse de un negocio desde cualquier lugar, lo que incluye un hogar de descanso en la Florida o un resort en México, y todavía tener presentación profesional. Usted también puede decidir cuándo desconectarse, ¡usted es el jefe!

El siglo XXI trajo consigo una nueva actitud. Ser independiente era considerado anteriormente como la opción riesgosa; pero ahora, trabajar para una empresa se considera aún más riesgoso.

Pero este cambio no ha sido pasado por alto para grandes corporaciones como Time, Warner, Jockey, Virgin, Berkshire Hathaway, Unilever, Hallmark, L´Oreal, Nestlé y Mars, las cuales han iniciado o han invertido en divisiones de ventas directas.

El sistema tributario de los Estados Unidos ha reconocido el cambio que ha ocurrido y ha cambiado la legislación sobre la recaudación de impuestos. Las personas independientes ahora tienen acceso a los mismos beneficios que las personas que tienen un empleo (y más aún si usted cuenta con las exenciones que provienen de no tener una oficina desde la cual operar).

Usted tiene mucho qué ofrecerle a las personas de altos logros de los Estados Unidos. Para ocupar los primeros lugares se requiere flexibilidad. Las personas de altos logros tienen todo lo que se necesita para triunfar en el área de trabajo que elijan. Pero tendrán que pagar un precio personal por tomar esta opción. Asumir su parte del Sueño Americano.

CAPÍTULO 18

Ayude a la Generación "Y" a realizar sus sueños

SI USTED NACIÓ ENTRE 1980 y 1994, usted pertenece al grupo de consumidores más poderoso del mundo. Este grupo de personas corresponde a un quinto de la población de los Estados Unidos, Australia, Canadá y Gran Bretaña. Constituye más de la mitad de la población total de India y en China esta población es más grande que el total de habitantes de los Estados Unidos.

Si usted nació en esa era, estará al tanto de la increíble influencia de la gente joven. De acuerdo a USA Today, "La Generación "Y" está en la cima de la cadena de consumo".

En pocos años, la Generación "Y" hizo crecer a MySpace a más de 160 millones de usuarios, convirtió a YouTube en perro guardián de los medios políticos y sociales, transformó a Google en la biblioteca de mayor referencia mundial y transformó a Technorati en el salón de chat más grande del mundo.

¿Qué motiva a la Generación "Y"? La comunicación, la innovación y la gratificación instantánea.

145

La Generación "Y" es la más activa y diversa en la Historia de los Estados Unidos. Un tercio de esta generación es de origen nativo, hispano, afroamericano o asiático, y uno de cada cuatro de sus miembros proviene de familias monoparentales. El 75% creció con una madre que trabajaba.

La Generación "Y" ha irrumpido en la escena laboral como ninguna otra generación. Educados por padres altamente comunicativos, son individuos confiados, creativos y algo arrogantes. Acostumbrados a recibir todo el apoyo y retroalimentación de sus padres, exigen reconocimiento y respeto como derecho.

Son individuos altamente educados y supremamente ambiciosos, llevan al entorno laboral una rica gama de habilidades que utilizarán para su propio progreso. Sus expectativas altas están a la par con su impaciencia por alcanzar la cima de cualquier carrera que emprendan. Esperan que sus preferencias e intereses sean comprendidos, trátese de códigos de vestuario o uso del tiempo.

Las corporaciones atrapadas en ideologías obsoletas luchan por adaptarse a estos individuos de disposición libre. Las reglas han cambiado y los empleadores tradicionales están tambaleando. Las políticas de uniformidad —como prohibición de uso de tatuajes o de perforaciones— tienen muy poco sentido para esta generación cuando el 50% de todos los adultos jóvenes entre 20 y 30 años de edad tienen un tatuaje o una perforación en algún lugar de su cuerpo distinto a sus orejas. Estos elementos ya no constituyen un símbolo de rebelión, más bien, se han convertido en un accesorio de moda. No obstante, este cambio de concepción hace susceptibles a muchos empleadores.

Ver que sus reglamentaciones son cuestionadas es sólo uno de los desafíos que los directores corporativos enfrentan. Otra gran cuestión es la lealtad a sus empleadores. La Generación "Y" es incansable y sus individuos están más que dispuestos a cambiar de trabajo para conseguir un mejor salario o condiciones laborales. Los investigadores predicen que un miembro de la Generación "Y" tendrá en promedio veintinueve trabajos en cinco industrias diferentes en el transcurso de su vida.

El pasto ciertamente se ve más verde al otro lado de la cerca. De disposición ambiciosa y empresaria, los miembros de la Generación "Y" están dispuestos a asumir su parte de responsabilidad por su futuro financiero y ello los convierte en candidatos premier para iniciar su propio negocio.

Nuestra cultura de recompensar los resultados es singular y bastante llamativa para ellos porque:

☆ Buscan libertad y flexibilidad. Encontrarán toda la libertad que necesitan en el sistema de mercadeo en redes.

☆ Van en contra de la idea de que el trabajo obstaculice sus intereses personales y de esparcimiento. Aprecian tener el control de su tiempo y de su horario.

☆ Insisten en obtener reconocimiento y respeto. Cada éxito y cada hito debe ser celebrado.

☆ Prosperan en un ambiente de retroalimentación y apoyo. Como auspiciador de ellos usted se convertirá en su mentor.

☆ Son idealistas y quieren hacer una contribución valiosa. Las redes de mercadeo les ofrecen la oportunidad de cambiar muchas vidas.

☆ Responden al entrenamiento. Son excelentes estudiantes y se convierten en destacados maestros a la hora de enseñar sus habilidades.

☆ Son adaptables. No se dejarán disuadir por la montaña rusa de las redes de mercadeo.

☆ Encajan bien dentro de un equipo de trabajo. Están hechos a la medida para nuestra cultura de compartir el conocimiento.

☆ Se cansan con facilidad.

☆ Están acostumbrados a recibir incentivos y estímulos.

La vida de las redes de mercadeo es acelerada. No hay dos días que sean exactamente iguales y nada es seguro ni predecible. Hay mucha diversión en el negocio.

La única barrera que puede impedir a los miembros de la Generación "Y" para que alcancen sus sueños ambiciosos son sus propias limitaciones. Si usted pone un reto ante ellos observará que su energía y entusiasmo compensan su falta de experiencia.

Los adultos jóvenes de la Generación "Y" serán los constructores futuros de su negocio. La pregunta ahora es: ¿dónde encontrarlos y cómo abordarlos?

La primera parte de la pregunta, *el dónde*, es fácil de contestar. Ya que están representados en uno de cada cuatro americanos, va a ser muy difícil no encontrarse con ellos. Piense en los miembros jóvenes de su círculo de amigos y de su entorno familiar (la edad mínima para firmar un acuerdo es 18 años).

Vaya a un centro comercial un sábado. Observe las tiendas que venden productos para jóvenes como música, artículos electrónicos, computadores y ropa de moda. Haga fila en un McDonald´s o en un Starbucks. Salga un rato a la playa, al parque o al lago. Vaya a conciertos y participe en los días de promoción de carreras en las universidades. Observe las tiendas para novias. Encontrará muchos prospectos en todos los sitios frecuentados por los jóvenes de la Generación "Y".

Ahora bien, puede que la parte del *cómo* abordarlos, requiera un poco más de esfuerzo, a menos que usted pertenezca al club de la Generación "Y", caso en el cual hacer conexión con ellos fluirá de forma natural.

☆	En primer lugar, usted tendrá que capturar su atención. Los miembros de la Generación "Y" son expertos en los medios y demuestran escepticismo sano por los mensajes que suenen irrelevantes o desactualizados. Son personas que se distraen con facilidad, lo que significa que su presentación debe ser estimulante. Es una generación que cuenta al alcance de su mano con volúmenes ilimitados de información. En segundos verifican todo lo que deseen saber vía internet, así que asegúrese bien de lo que les diga.

☆ Si están trabajando, puede que estén descubriendo las restricciones que imponen tener un trabajo regular. Este es el mensaje que usted puede utilizar para su ventaja: los expertos predicen que esta será la primera generación destinada a ganar menos que sus padres. La única manera de romper ese patrón es si pueden hallar una carrera que se acomode a su espíritu indomable.

☆ Si están estudiando, puede ofrecerles un trabajo a tiempo parcial con muchos beneficios. Este tipo de empleo remunera bien, es lo suficientemente flexible para acomodar las clases y representa una oportunidad para ganar experiencia laboral. Sus futuros empleadores estarán impresionados por una hoja de vida que dé cuenta de la experiencia e iniciativa que han manifestado. Pero si todo sale bien, el tiempo que pasen con usted puede inspirarles a permanecer en el negocio del mercadeo en redes.

☆ Considere la oportunidad de ofrecerles trabajo de tiempo completo durante las vacaciones. Miles de estudiantes trabajan durante los periodos de descanso. ¿Qué mejor oportunidad de aprender habilidades comerciales que en nuestro trabajo? ¿Qué impedirá que ellos continúen con nosotros cuando se den cuenta de la libertad que pierden si se van a trabajar al mundo corporativo?

☆ Si usted trabaja con una línea de productos o servicios destinados a la población joven como por ejemplo, las telecomunicaciones, los servicios de internet, productos nutricionales todo en uno, ropa de moda, o cosméticos y accesorios, usted puede comenzar de forma fácil:

"Estoy buscando personas que promuevan una línea de productos desarrollada para personas entre los veinte y los treinta años de edad. ¿Alguna vez ha escuchado sobre (diga el nombre de su compañía)?"

Si la respuesta es afirmativa, entonces pregunte:

"¿Ha visto nuestra nueva presentación?"

Continúe la conversación desde ese punto.

Si la respuesta es no, pregunte:

"¿Tiene unos minutos para contestar una encuesta que estoy haciendo? Sólo estoy hablando con personas jóvenes".

☆ Los productos relacionados con la moda, el cuidado de la piel, los cosméticos, los productos para el cabello y la joyería se pueden presentar mediante un evento como un desfile de modas o un show de nueva temporada. Pídales a personas jóvenes —hijas, sobrinas, niñeras o vecinas jóvenes— que entreguen volantes a sus amigos para promover el evento. Motívelas y recompénselas con la oportunidad de modelar sus productos.

☆ Si usted se queda en casa no hará nuevos contactos. Escoja un área en la que pueda caminar algunas manzanas y entregar volantes a los prospectos jóvenes. Incluya una oferta irresistible como la oportunidad de ganar productos gratis. A los jóvenes les encantan las cosas gratis. Pídales que traigan un par de amigos. Los prospectos de la Generación "Y" estarán más dispuestos a asistir si pueden venir en grupo.

☆ Si su compañía no tiene una línea específica de productos para los jóvenes, pídales a sus prospectos recomendaciones sobre cómo presentar a los jóvenes su propuesta de forma atractiva. Los jóvenes saben lo que quieren, por lo tanto, no trate de cuestionarles. Si usted invierte una hora en escucharles con atención encontrará que obtiene retroalimentación valiosa que podrá utilizar de forma conveniente más adelante.

☆ Considere la posibilidad de realizar un seminario para quienes terminan la secundaria o se gradúan sobre cómo comenzar un negocio. Igualmente, puede patrocinar un evento dirigido a personas jóvenes. También es bueno ir y hablar en los campus universitarios. Los jóvenes son un público maravilloso, las presentaciones ante ellos son muy animadas, participativas y llenas de interacción.

☆ Sea contundente. Asegúrese que se comunica con ellos en su mismo nivel. Aprender a enviar mensajes de texto es un asunto básico. Estos jóvenes no se quedan en casa esperando a que su teléfono suene, lo suyo son los correos electrónicos y los mensajes de texto. El 70% de los americanos tiene un teléfono celular antes de llegar a la adolescencia. Sus mensajes de texto les llegarán en cualquier sitio donde se encuentren y esté seguro que no se resistirán a leerlos.

☆ Hable con ellos ¡ahora! La Generación "Y" piensa que su mundo se acaba a la edad de 30 años. Concéntrese en la manera como ellos pueden ganar dinero ya —para comprar su próximo Play Station, Nintendo, Wii, auto de moda, tabla de surf, y para gastar por ahí. Es probable que usted piense que la Generación "Y" necesita empezar a planear su futuro, pero eso es lo que usted piensa, no es la forma como ellos piensan. Cierre sus labios si se siente tentado a hablar más allá de la zona donde ellos habitan.

☆ Sea usted mismo. Si usted no es un miembro de la Generación "Y" no cometa el error de intentar conectarse con ellos intentando parecer o hablando de un modo que no sea usted mismo. Hacerlo lo haría ver a usted en el lugar equivocado. Sus prospectos le escucharán si aplica los principios explicados en este libro.

☆ La Generación "Y" ha crecido escuchando incontables historias de gente joven que comenzó su negocio en un garaje o en un sótano y que luego su negocio se convirtió en una gran empresa. Los jóvenes de la Generación "Y" no sufren de la misma duda que sufrieron otras generaciones.

Tal vez usted descubra que los prospectos de la Generación "Y" ya tienen bien abiertos los ojos para detectar oportunidades para emprender un negocio. Esté preparado para competir con eso. Ellos irán directo al computador para comparar su oportunidad con otras disponibles.

Si usted tiene éxito en lograr que ellos firmen, manténgase bien plantado. Esta generación impaciente quiere tener resultados rápido pero son optimistas y valientes en lo que respecta a conseguir lo que quieren. Su-minístreles mucha instrucción, retroalimentación y reconocimiento, así logrará obtener muchas ganancias residuales a través de ellos.

CAPÍTULO 19

Ayude a la Generación "X" a conseguir lo que desea

CASI 50 MILLONES DE AMERICANOS llevan puesta la etiqueta "Generación X". Nacieron a finales de los años sesenta y durante toda la década de los años setenta. Son una generación marcada con cuatro características comunes: están casados, tienen que pagar una hipoteca, son padres o madres y necesitan dinero.

Estos niños consentidos, nacidos de la Generación de la Posguerra crecieron rodeados de comodidades materiales. Están acostumbrados a tenerlo todo. Su problema está en cómo pagar por ello. Esto los hace prospectos calientes.

La posibilidad que tienen es su trabajo, pero su salario modesto no es suficiente para cubrir los gastos de la casa. Quieren tener una casa agradable, un auto decente y los lujos que sus padres tuvieron —y hasta más. Sus hijos desean tener ropa de marca, los juguetes de última generación y esperan ir a la universidad. Pero el costo de la educación está por las nubes. Los costos anuales de matrícula, mesadas, hospedaje y alimentación para una carrera universitaria de cuatro años inicia en alrededor de USD $13.000, y en el caso de las universidades privadas es USD $30.000.

La Generación "X" necesita urgentemente dinero en efectivo. Pero no puede depender de un ingreso único.

En el caso de esta generación, nuestra oportunidad está hecha a nuestra medida, especialmente en el caso de las madres jóvenes. Mientras su esposo continúa en su trabajo regular para pagar las facturas, la esposa puede iniciar un negocio para proveer las cosas extras que se necesitan.

Ella puede estar en casa para atender las necesidades de los niños cuando estos llegan al hogar. Sin embargo, también puede construir su negocio mientras los niños están estudiando. El esposo le asiste en el cuidado de ellos durante las noches y los fines de semana.

Pero el dinero no es lo único que motiva a la Generación "X". Muchos hombres de esta generación abandonaron sus estudios para casarse. Ahora sus hijos están logrando independencia y están listos para volar fuera del nido. Esta puede ser su primera oportunidad de ir tras los sueños que quedaron pospuestos cuando iniciaron su familia y compraron su casa.

El mercadeo en redes no es una idea ajena para este grupo. El celebrar o asistir a eventos de promoción es algo con lo que ya están familiarizados y seguramente conocen a un amigo, vecino o familiar que hace parte del negocio.

Algunos de la Generación "X" crecieron con padres que trabajaban en redes de mercadeo. Esto puede ser tanto positivo como negativo. Positivo, si vieron de primera mano los beneficios del negocio y negativo, si adoptaron percepciones pasadas de moda.

El negocio del mercadeo en redes ha experimentado una transformación asombrosa en los últimos años.

Antes las personas tenían que dedicar la mitad de su tiempo a clasificar los pedidos, enviarlos por fax, por teléfono o por correo regular.

También se tenían que llevar los registros de los resultados de forma manual, así como empacar y hacer envíos de los mismos pedidos. En el pasado no se tenía acceso a los pedidos en línea, las compañías no enviaban los productos directamente a los clientes ni tampoco se disponía de terminales inalámbricas para que los clientes utilizaran sus tarjetas de crédito. Los sitios web personales, los correos electrónicos y los teléfonos celulares todavía no se habían inventado.

Sin embargo, a pesar de la naturaleza poco tecnificada del negocio, sus padres tuvieron éxito y muchos de ellos de forma espectacular. Ahora, piense en lo que en el presente pueden lograr las personas altamente motivadas que dedican el 100% de su tiempo a la línea frontal del negocio.

Muchos miembros de la Generación "X" crecieron al mismo tiempo que sus padres trabajaban en el ámbito corporativo. Vieron el precio que sus padres tuvieron que pagar por trabajar fuera de casa y ahora están determinados a no cometer el mismo error.

Es la oportunidad para que usted presente a sus prospectos de la Generación "X" el "nuevo rostro" del mercadeo en redes. Hábleles sobre los recursos descargables, las comunicaciones a través de internet y los envíos automáticos a los clientes. Explíqueles sobre las videoconferencias y las oficinas virtuales que pueden tener conectadas directamente con la corporación.

Inicie su campaña de vinculación mediante ir a los sitios a donde acude la gente de la Generación "X": ferias comerciales, exposiciones y eventos dirigidos a mujeres emprendedoras. Las madres jóvenes se encuentran con sus amigas en cafeterías, en campos deportivos o en los centros comerciales. También se reúnen en centros para el cuidado de la salud, en eventos para madres-hijos organizados por grupos comunitarios e iglesias, así como en grupos de apoyo para la primera infancia.

Cuando hable con las personas de este grupo, trate directo con las cuestiones que les interesan —el dinero, los hijos y el crecimiento personal.

"La mejor parte de este negocio es que puedo pasar tiempo junto a mi familia y también logro tener tiempo para mí misma, y para hacer las cosas que me gustan".

"Tener mi propio negocio y al mismo tiempo estar en casa con mis hijos es maravilloso. Este trabajo me ha permitido tener la vida que deseo —y el dinero que necesito para hacerla posible".

Mencione el entrenamiento. Los prospectos de la Generación "X" están sedientos de aprender nuevas habilidades y anhelan tener nuevas oportunidades para desarrollar sus talentos.

La mayoría de los esposos estarán felices de cuidar a los niños cuando vean el impacto que el negocio puede tener en los ingresos familiares, en la autoestima y en la confianza de su cónyuge. Muchos estarán ansiosos de tener un papel activo en el negocio.

Tiente a sus prospectos con los viajes e incentivos que pueden obtener. Para los autoindulgentes miembros de la Generación "X" las recompensas son con frecuencia más motivadoras que el dinero mismo. Pocos se resistirán a un cambio de rutina para disfrutar de la diversión y la alegría de las convenciones anuales.

A las madres se les suele pasar por alto en lo relacionado con reconocerles su labor. Esta puede ser su oportunidad para brillar y ser el centro de atención. Muéstreles las fotos del banquete anual, los botones de reconocimiento y los trofeos. No olvide mencionar los pagos mensuales para gastos del vehículo, las vacaciones gratis en resorts de lujo y las joyas.

Usted tendrá un gran inicio si representa productos que sus prospectos ya estén utilizando. Los que mejor venden son juguetes, juegos educativos, libros, ropa casual, artículos para el cuidado de las mascotas y productos de salud y de belleza. Por otra parte, en el segmento del hogar, los productos decorativos de alto impacto, como las velas, son los que mejor se venden. Otros productos bastante llamativos y de alto costo que llaman la atención de los miembros de la Generación "X" son los purificadores de aire, los filtros para agua y los dispositivos ahorradores.

Una de las ventajas de este grupo de personas es su amplio círculo de contactos. Sus amigos estarán en una etapa similar de la vida y abiertos a unirse al negocio. La presión de otros no sólo es para los jóvenes en edad escolar.

Apele a la consciencia social de los miembros de la Generación "X". Hábleles sobre las contribuciones que hace su compañía a causas humanitarias o sociales. Los miembros de esta generación tienen un fuerte sentido de comunidad.

En el capítulo 11 encontrará otras ideas útiles, pero mi recomendación ahora es que amplíe su cobertura más allá de las parejas casadas. Muchas mujeres posponen el matrimonio hasta cuando cumplen los treinta y un porcentaje significativo son solteras o nuevamente solteras después de un divorcio. Las mujeres que dependían enteramente del ingreso de sus esposos son muy vulnerables en una separación. Un negocio personal pudiera proveerles la seguridad que necesitan.

Uno de cada seis americanos pertenece al club de la Generación "X". Esta generación sabe lo que quiere y está percibiendo lo mucho que cuesta. Asegúrese de estar ahí cuando busquen la manera de conseguirlo.

CAPÍTULO 20

Ilumine el futuro de la Generación de la Posguerra

LOS 78 MILLONES DE NIÑOS que nacieron entre 1946 y 1964 pertenecen al grupo de consumidores más grande y poderoso que ha existido. Su gasto estimado anual calculado es de USD $2 trillones.

¿En qué se gastan su dinero? En darse gusto a sí mismos y en mimar a sus hijos y a sus nietos. Su oportunidad es perfecta para los asuntos que les interesan —estilo de vida, jubilación y cuidado de la salud.

Si usted representa productos para la salud, sus ganancias podrían ascender al cielo si vincula a los miembros de esta generación. En el presente se gastan USD $250 al año por persona en suplementos nutricionales y la tendencia es alimentada por el escepticismo creciente promovido por el enfoque de tratar sólo los síntomas del lado de las compañías farmacéuticas. Los efectos colaterales catastróficos de muchas medicinas de uso amplio han profundizado esta desconfianza. Al mismo tiempo que los fabricantes están sacrificando la nutrición por alimentos que usan colores más atractivos, son más fáciles de preparar, y que pueden durar más tiempo en los estantes de las tiendas, la industria nutricional continúa su rápida expansión.

La Generación de la Posguerra está asumiendo de nuevo su responsabilidad por la salud adoptando una filosofía de prevención basada en los suplementos nutricionales.

Pero eso no es todo. Esta generación no tiene la intención de envejecer sin antes dar la batalla. Los productos para el cuidado de la piel y del cabello, especialmente las fórmulas antiedad, están a punto de tomarse el control del mercado en los próximos años.

A este grupo le llama la atención casi todo lo que venden los agentes de ventas directas. Aparte de los productos para el cuidado de la piel y de la salud también necesitan artículos para sus mascotas, jardinería, la decoración del hogar, limpieza y ropa. También les interesan los utensilios para cocina, artículos para escribir y aceites de esencias para dar como regalo a sus hijos adultos. Igualmente les interesan los libros, las artesanías, los juguetes y los programas educativos para dárselos a sus nietos.

¿Por qué compran directamente estas personas? Una sola palabra que lo resume todo es "servicio". Estos prospectos pueden transformar su negocio porque muchos de ellos tienen un atractivo: el poder de compra de muchos de esta Generación de la Posguerra. Un porcentaje de ellos tiene un estado de suficiencia aunque otro porcentaje también lucha por mantenerse a flote.

Casi 2 de cada 3 personas de la Generación de la Posguerra admiten que se preocupan por el tema de la jubilación y muchos de ellos proyectan que continuarán trabajando después de los 65 años de edad. El Departamento del Tesoro de los Estados Unidos estima que sólo el 4% de los miembros de la Generación de la Posguerra tendrá seguridad financiera a la edad de 65 años y tan sólo el 1% será solvente.

La inflación ha estado aumentando el costo de vida en los últimos 5 años y hay poca evidencia que esta tendencia se revierta. Los costos de la salud continúan aumentando y muchos temen que el programa de salud para el adulto mayor no sea lo que se espera. A la Generación de la Posguerra le preocupa que tengan que incrementar mensualmente su prima de contribuciones en USD $100 o más, una vez se hagan los ajustes a sus ingresos, se añadan los costos de cubrimiento suplementario y se factoricen los planes de medicamentos prescritos. Algunas parejas casadas podrían estar pagando más de USD $3.000 adicionales al año en sus aportes para el programa de salud para el adulto mayor.

Los descubrimientos antiedad están extendiendo el problema aún más. La expectativa de vida se está aumentando en un año cada año que pasa. En los niveles actuales hay pocas posibilidades de que los programas de apoyo del gobierno puedan dar cubrimiento a todos los jubilados.

Hay mucho en riesgo, y ¿qué mejor manera de iluminar la perspectiva del 95% de la Generación de la Posguerra con necesidades de dinero que dándoles la posibilidad de iniciar un negocio que se maneja desde la casa?

Hable con los miembros de la Generación de la Posguerra tan pronto como sea posible. Explíqueles cómo el hecho de complementar los ingresos con un empleo de tiempo parcial e invertir las ganancias en el plan de jubilación pudiera impedir que cayeran en la trampa de la pobreza.

Su presentación no caerá en oídos sordos. De acuerdo con *American Association of Retired Persons (AARP)* (una asociación americana de personas jubiladas), el 77% de la población que pertenece a la Generación de la Posguerra planea trabajar después de los 65 años. Pero eso no será en los trabajos que desempeñan ahora, porque los empleadores tradicionales los reemplazarán con modelos más jóvenes.

De acuerdo con el Departamento de Trabajo de los Estados Unidos cerca de la mitad de los miembros de este grupo poblacional ya trabaja en un empleo independiente y la cifra continuará en aumento a medida que más de estos se jubilen o sean despedidos de sus trabajos regulares.

Su negocio pudiera convertirse en un salvavidas. La deuda promedio de un americano de 65 años en tarjetas de crédito son USD $5.000, y sus casas están hipotecadas. Aun en el caso de que ya estén pagas, una casa de USD $250.000 es una pésima política de jubilación. Un atraso en la hipoteca significa decir adiós a la herencia de los hijos y las encuestas indican que los miembros de la Generación de la Posguerra tienen un fuerte deseo de dejar dinero a sus futuras generaciones.

El punto importante es que las opciones para esta generación son limitadas. Cuando se tienen 50 años de edad no es un buen momento para invertir el capital en una aventura de negocios riesgosa o poco fiable. A esta edad se tiene menos tiempo para recobrarse de un fracaso. No obstante, el negocio de las redes de mercadeo no implica riesgos.

El hecho de que muchos miembros de la Generación de la Posguerra no estén preparados financieramente para la jubilación representa un potencial para su oportunidad de negocio. Tienen todos los motivos para vincularse, cuentan con menos limitaciones de familia para participar y con habilidades aprendidas que pueden transferir al negocio. Si usted logra conectarse a su búsqueda de un mejor estilo de vida, logrará asegurar un flujo constante de miembros de esta generación hacia su negocio en los años por venir.

Las mujeres y las redes de mercadeo a multinivel

¿RECUERDA ALGÚN MOMENTO cuando sintió que su vida estaba a punto de cambiar de rumbo?

En mi caso, sucedió el día de mi graduación. Estaba a punto de hacer realidad mi sueño de convertirme en maestra. Mi suegra me había ayudado muchísimo a cuidar de mi hija pequeña mientras estudiaba y se había ofrecido a continuar haciéndolo cuando yo enseñara en la escuela.

Pero algo se sentía diferente y me tomó cinco minutos reconocer esa sensación inconfundible. Estaba embarazada de nuevo.

"Esto no cambiará nada", pensaba dentro de mí, a la vez que abrigaba cierta incredulidad. Aunque tenía que maniobrar con más bolas, y hacerlo más rápido y a mayor altura, me sentía joven, capaz y apta. Podría hacerlo.

Mi primer año como maestra fue una confusión. Luego de seis semanas de ausencia cuando nació mi hijo, regresé a clases para honrar mi promesa de completar el año con mis estudiantes. Pero estaba escrito: mis días como maestra estaban contados.

Empecé a buscar en el periódico local un trabajo que me ayudara a pagar las facturas y que a la vez me diera tiempo para estar con mis hijos. Entonces en una página del periódico encontré tres palabras mágicas que capturaron por completo mi atención: "*¡Trabaje desde casa!*"

En pocos segundos estaba en el teléfono y se me concedió una entrevista esa misma tarde. Tardaron unos pocos minutos para que —no va a creer esto— me dieran el trabajo.

Muy bien, lo conseguí. Pero para ese momento yo sólo era una comercializadora en redes. Como muchas otras mujeres, me tropecé con el asunto y no entendía muy bien sobre la manera en que funcionaba.

Y al igual que 9 de cada 10 de nosotras, me vinculé con metas pequeñas y a corto plazo —pagar la hipoteca hasta que mis hijos fueran lo suficientemente grandes para que yo pudiera volver a la docencia.

Pero tuve un inicio difícil. La confianza en mí misma estaba bajo cero. Utilizaba faldas largas en mis eventos de promoción para que la gente no viera que mis piernas temblaban. Tenía prejuicios contra cualquiera que pareciera ser un gran prospecto y asumía por adelantado que si era una mujer, no estaba interesada. Y aun si lo estaba, me faltaba seguridad para abordarla.

Me tomó algunos meses darme cuenta que había tropezado con una carrera que, literalmente, podría cambiar mi vida.

Las redes de mercadeo significaban para mí que podría ser una gran madre para mis hijos, que a la vez podría pagar mis facturas y disfrutar de la vida que la mayoría de las personas sueñan con tener. Todo al mismo tiempo.

Las redes de mercadeo aparecen primeras en la lista de opciones de ocupaciones para mujeres. Ningún otro trabajo encaja de forma más perfecta a nuestra vida.

En el aspecto financiero las opciones van en contra las mujeres —solteras, casadas, separadas, divorciadas o viudas. El U.S. Census Bureau informa que las mujeres ganan 0,75 centavos de dólar por hacer el mismo trabajo en el que un hombre se gana $1 dólar.

Cuanto más preparada esté una mujer, mayor es la inequidad en el salario. De acuerdo a cifras compiladas por el Departamento de Educación, al año de graduarse de la universidad una mujer gana hasta el 80% más que sus contrapartes. Pero esa disparidad se reduce drásticamente con cada año que pasa. 10 años después de graduarse, las mujeres ganan el 69% de lo que los hombres ganan.

Las mujeres aportan más de la mitad al ingreso familiar, calculado en un 55%. Sin embargo, esos ingresos no se obtienen en los empleos regulares. De las corporaciones Fortune 500, 13 tienen mujeres como gerentes generales, y 4 de cada 5 no tienen a mujeres en posiciones de alto rango.

¿Dónde están las mujeres con los mejores salarios? Están en negocios empresariales como en las redes de mercadeo donde la mayoría de personas con los ingresos más altos son mujeres. Cada mujer que alcanza una posición alta ayuda a otra mujer para que se le una. En nuestra industria siempre hay espacio para que otros alcancen la cima y la única manera de lograrlo es ayudando a otros a alcanzar el éxito. Ahora compare eso con el entorno competitivo que caracteriza a la mayoría de lugares de trabajo.

Si usted es una de las 25.000 mujeres que emprenden el negocio de mercadeo en redes cada día en los Estados Unidos, siéntase muy orgullosa de ello. Grítelo desde las azoteas y hágalo a voz en cuello para que otras mujeres la escuchen. Anime a las mujeres que están en la carrera corporativa a que dejen de nadar contra la marea y empiecen a construir su propia piscina. Anime a las mujeres jóvenes a considerar las redes de mercadeo como su primera opción de carrera, no como la opción de emergencia para cuando se casen, tengan hijos o se desilusionen del sistema corporativo.

Dígales: "En las redes de mercadeo su remuneración se basará en su desempeño y no en su género", y "La mayoría de las que obtienen los ingresos más altos son mujeres".

Y eso no tiene que ver únicamente con personas de alto perfil. Hable con las mujeres que están en un trabajo en el que tienen que desempeñarse por debajo de sus verdaderas habilidades, experiencia y educación, o con aquellas que han tenido que hacer una pausa para consolidar una familia. Hable con todas las mujeres que trabajan en empleos mal remunerados, donde hay muy poca satisfacción en tiendas, oficinas y fábricas. Ofrézcales la oportunidad de escapar de la monotonía de un trabajo de 9:00 a 5:00, a un negocio que sea rentable, energizante y divertido. La vida es demasiado corta para afanarse por un trabajo aburrido en donde no se le aprecia a uno y no se le paga lo que se merece.

Todos los que han sacado adelante una familia tienen habilidades gerenciales. Todos los que han administrado un hogar tienen habilidades organizacionales. Las mujeres están hechas a la medida para el mercadeo en redes. Nosotras somos muy buenas en las multitareas y tenemos las habilidades que se necesitan para prosperar —nos gusta compartir, nos gusta construir relaciones y sabemos cómo cuidar. Por instinto, hacemos lo que es necesario hacer.

Las mujeres ya poseemos el 40% de todos los negocios privados y el 70% de los negocios que se inician cada año. No obstante, el tema del costo puede disuadir a muchas mujeres empresarias de comenzar su propio negocio.

Haga que sus prospectos se enteren que en las redes de mercadeo la corporación invierte en nosotras. Explíqueles que todo lo que se necesita para comenzar es un pequeño *kit* de inicio y que la corporación hace disponibles los productos, el entrenamiento y el soporte necesario y que ello representa un valor muchísimo más alto. Dígales que no arriesgan nada al comenzar y que si el asunto no funciona, pueden retirarse sin acarrear ningún costo.

Hable con las mujeres casadas. El matrimonio no trae incluido un pase de cortesía hacia la libertad financiera. Los esposos pierden sus trabajos o se endeudan. Las tasas de divorcio están aumentando considerablemente y la edad promedio de viudez en Norteamérica es de 55 años. De acuerdo al Joint Center for Housing Studies de la Universidad de Harvard, el 20% de todas las personas que compran casas son mujeres. Las mujeres que trabajan están mejor equipadas para administrar los asuntos cuando las cosas no funcionan como se espera —no hay duda de ello.

Hable con las mujeres solteras. Tener un negocio pequeño puede resultar muy solitario. En las redes de mercadeo usted está en el negocio porque desea hacerlo y no porque tiene que hacerlo. Todos los días usted contará con apoyo y tendrá muchas oportunidades de intercambiar ideas, conseguir amigos y aprender mucho en las reuniones de entrenamiento, en las convenciones y en las vacaciones de incentivo.

El negocio de las redes de mercadeo puede ser el secreto mejor guardado en los Estados Unidos y nunca ha sido un mejor momento para comunicarlo a otros, ¡de forma orgullosa y resonante!

C A P Í T U L O   2 2

Los hombres y las redes de mercadeo a multinivel

EL HECHO DE QUE el 80% de las personas que trabaja en redes de mercadeo sean mujeres no significa que sea un negocio exclusivo para ellas.

La variedad de productos y servicios disponibles a través de los canales de ventas directas está cambiando la actitud de los hombres respecto al negocio. Suplementos nutricionales de vanguardia, vinos, café, chocolates, tarjetas de crédito, planes de llamadas a larga distancia, seguros y servicios de asistencia legal, están abriendo sus puertas a un grupo poblacional que había tardado en reconocer el potencial de las redes de mercadeo.

No obstante, en la actualidad, desde graduados universitarios con la intención de nunca trabajar para nadie, hasta hombres que se han decepcionado de la ruta de los empleos tradicionales, están fluyendo a la industria.

Pero los productos no son la única tarjeta de presentación. Internet ha creado una abundancia de oportunidades para los hombres en las redes de mercadeo. Los planes de compensación ahora están animando y recompensando las vinculaciones a nivel global. El gran potencial de los mercados emergentes de China, Rusia e India está atrayendo una nueva ola de empresarios para las redes de mercadeo. La oportunidad puede resultar irresistible para los hombres de espíritu aventurero.

Los canales de empleo tradicionales cada vez más se están agotando, lo que aumenta la competencia y hace más estresante el entorno laboral. ¿Quién podría culpar a los hombres por buscar alternativas que les permitan conseguir libertad financiera?

En Estados Unidos el entorno laboral es áspero con los trabajadores. La Organización para la Cooperación y el Desarrollo Económico (OCDE) informa que el americano promedio en un empleo de tiempo completo trabaja casi dos mil horas al año y que sólo tiene dos semanas de vacaciones.

De acuerdo al Center for Economic and Policy Research, los Estados Unidos son la única economía avanzada del mundo que no garantiza a sus trabajadores un periodo pago de vacaciones. 1 de 10 trabajadores de tiempo completo y 6 de cada 10 trabajadores a tiempo parcial no tienen vacaciones. Cero. Nada de nada. Cero a la izquierda. En el caso de los trabajadores que tienen un periodo de vacaciones pago toman como promedio 12 días de vacaciones. Agregue a eso el tiempo que se tiene que desplazar la persona hasta el lugar de trabajo y calcule el tiempo libre que el trabajador comparte con su familia y sus amigos.

De acuerdo a Warren Farrell, el autor del libro *¿Por qué los varones ganan más?*, los hombres que trabajan entre 40 y 60 horas a la semana son el grupo de empleados con menor satisfacción, mientras que las mujeres que trabajan a tiempo parcial son las más satisfechas. Para citar un dicho popular: "Nadie muere deseando haber pasado más tiempo en la oficina".

Divida la semana laboral en dos y aparte cuatro semanas de vacaciones para relajarse y poder revitalizarse. Agregue a eso el tiempo de desplazamiento a la oficina. De ese modo conseguirá triplicar el tiempo disponible para pasar en familia, con amigos y en actividades de descanso.

¿Cómo atraer a otros hombres al negocio?

Para los hombres es muy importante tomar decisiones que afecten la carrera y las finanzas. Los beneficios que representa su negocio —es decir, la diferencia entre lo que tienen y lo que desean— deben ser suficiente motivación para hacer que ellos se interesen. Escoja uno de los siguientes enfoques:

☆ Los grandes beneficios eclipsan los pequeños obstáculos. Determine qué es aquello que hace falta en la vida de sus prospectos, a lo mejor sea poder pasar más tiempo con la familia, tener más tiempo libre, satisfacción laboral o la posibilidad de obtener más dinero. Muéstreles cómo es viable conseguir lo que desean.

☆ Hable con los padres sobre los recuerdos que ellos quieren que sus hijos tengan cuando crezcan. ¿Cuánta presencia de ellos como padres quieren que sus hijos recuerden? Ningún padre quiere convertirse en un extraño para sus hijos. Anime a pensar a aquellos padres que trabajan largas jornadas o que pasan semanas fuera en viajes de negocios a que consideren las opciones de manejo de tiempo que ofrece el negocio. Usted dará en el clavo si se encuentra con alguien que se esté cuestionando el sacrificio que hace al poner su trabajo por delante de su familia.

☆ Pídales a aquellos que aman los deportes que se imaginen montando una tabla de surf en Jamaica o una expedición de pesca mar adentro en la costa de la Florida o un curso de golf en Maui. Pregúnteles a quienes viajan mucho por trabajo cuándo fue la última vez que llevaron a su esposa en un viaje de negocios. Pídales que se imaginen caminando por un balcón en un resort con vista al mar y todo lo anterior con gastos pagos realizados por su socio corporativo. Usted no les está ofreciendo estas cosas de forma gratuita. Ellos tendrán que ganárselas. Uno tiene que trabajar duro en cualquier tipo de empleo. La mayoría de las empresas no ofrecen vacaciones pagadas, ni subsidio para la cuota del vehículo, ni un plan jugoso de beneficios como los que usted ofrece.

☆ Busque a los dueños de negocios pequeños que tienen que volver a invertir sus ganancias en hacer que el negocio se mantenga a flote. Ahora compare esos riesgos y responsabilidades con los ingresos que usted obtiene.

☆ Busque a los hombres que estén en relaciones de cambio de roles. Los hombres cuya esposa esté en la escalera corporativa van a estar abiertos a iniciar un negocio en casa. Usted no estará irrumpiendo en nuevos terrenos. Ya hay hombres en la puerta de la escuela esperando a sus hijos y soñando con tener una oportunidad en los negocios.

☆ Hágales la siguiente pregunta a estos hombres: "¿Cuál es el momento cumbre de su día?" Si la respuesta es: "Pasar el tiempo", un prospecto caliente acaba de identificarse a sí mismo.

En el pasado, las mujeres eran atraídas a las redes de mercadeo por causa de las circunstancias. Era el trabajo de la mujer criar a su familia aun si eso significaba despedirse de sus anhelos profesionales. El trabajo de los hombres era el de suministrar una fuente de ingresos regular. Para muchos hombres significaba poner a un lado sus propios sueños y metas. Pero los tiempos están cambiando. Los hombres se están dando cuenta que la mayor seguridad en la vida es la seguridad der ser independiente laboralmente, y que la familia está primero.

Ofrézcales a los hombres la oportunidad de recuperar su vida. Usted doblará su base de prospectos si les ofrece a los hombres la oportunidad de beneficiarse de su increíble oportunidad de negocio.

C A P Í T U L O   2 3

Auspicie parejas

EN ESTE NEGOCIO HAY MUCHAS PUERTAS ABIERTAS y sus prospectos tienen libertad para ingresar a través de cualquiera de ellas.

Una de esas puertas con gran potencial de vinculación es la de las parejas. La industria abunda con ejemplos de parejas que han construido juntas su negocio. En el futuro veremos a más y más personas trabajar con sus parejas en las redes de mercadeo.

La tendencia a trabajar desde casa está cobrando cada vez más vigencia. La escritura en la pared está allí para quienes la quieran leer:

"Los puestos de trabajo de la América corporativa están desapareciendo".

"La única seguridad en la vida es la seguridad de la independencia laboral".

Existen varios frentes desde donde se puede atraer a las parejas al negocio:

☆ Inicie con las mujeres que ya están en su línea de distribuidores. Es probable que estén trabajando bastantes horas, lo que significa que no están desarrollando el negocio de la forma correcta. Vincular al compañero para compartir la carga tiene un efecto poderoso en su crecimiento futuro.

☆ Muchos comercializadores en red tienen talentos que les permiten destacarse en ciertas áreas mientras que en otras tienen sus deficiencias. Incluir al compañero en el negocio es una movida estratégica. Si la sinergia es correcta, uno más uno resulta en más de dos.

☆ Una vía para explorar es las parejas sin hijos en la que ambos trabajen de tiempo completo. Complementar la carrera con un negocio es la forma más rápida de lograr independencia financiera. Esté atento a descubrir parejas que hablen sobre comprar una propiedad como inversión. Las parejas con metas y con espíritu empresarial están abiertas a explorar todas las vías posibles.

Las redes de mercadeo representan un flujo ideal de ingresos complementarios. Las parejas que trabajan fuera de casa tienen una amplia variedad de contactos. Se puede trabajar en el negocio al mismo tiempo que se cumplen los compromisos propios de la carrera:

☆ Busque a parejas cuyos hijos ya hayan salido de casa. Un negocio de mercadeo en redes ayuda a llenar el vacío emocional que dejan los hijos cuando abandonan el nido. Esta es la época ideal para redefinir las finanzas y para comenzar a incrementar el fondo de jubilación.

☆ Concéntrese en las parejas que estén en sus cuarentas o cincuentas. Un negocio de mercadeo en redes representa un gran seguro en caso de que uno de los dos o los dos pierdan su empleo.

El tiempo es importante. Yo he hablado con muchos cónyuges que se han mostrado ansiosos por dejar sus trabajos y unirse a sus compañeros o compañeras aún tiempo antes que el negocio esté produciendo lo suficiente como para reemplazar sus ingresos. Con frecuencia, el asunto surge durante el entusiasmo de una convención o un viaje de incentivo. Cuando se baten los récords durante un mes o dos puede que un compañero que estaba esperando por la oportunidad para renunciar a su empleo se anime y quiera unirse a la diversión del negocio.

El mercadeo en redes es un negocio volátil. No se logra estabilidad sino hasta cuando se vincula a varios líderes de primer nivel. Hacer la transición de un negocio individual a un negocio en pareja podría invitar al desastre tanto para el negocio como para la relación. Lo que yo recomiendo a las parejas es hacer un presupuesto calculando lo que necesitan para vivir. Deben incluir una reserva para los meses débiles, antes de iniciar. Una vez fijen la estrategia, pueden empezar a trabajar hacia el cumplimiento de la meta. Mientras tanto, el mejor apoyo que puede dar un compañero es mantener un ingreso regular para sostener los gastos de la casa.

Los cónyuges ansiosos por participar empiezan ayudando a realizar algunas labores para el beneficio del negocio. Siempre hay mucho que hacer. Cosas tan simples como comprometerse a cuidar más tiempo a los niños para que el compañero logre programar más eventos promocionales, hace una gran diferencia en el negocio.

¿Pueden trabajar juntos dos cónyuges y, al mismo tiempo, mantener su relación? Si desean que la pareja continúe siendo feliz y que a la vez el negocio se convierta en una experiencia productiva, es aconsejable adoptar las siguientes nueve reglas al inicio del proceso de modo que se eviten problemas a lo largo del camino:

1. Establezcan desde el principio los deberes que asumirá cada uno. No desperdicien tiempo vigilando a la otra persona.

2. Permitan que cada uno tenga la oportunidad de ser creativo en sus actividades diarias, así ambos experimentarán satisfacción al realizar el trabajo. Relegar a uno de los dos el "trabajo sucio" produce resentimiento.

3. Aprovechen las fortalezas de la otra persona. Si ella es una buena organizadora por naturaleza y él es una persona social, es evidente que hay un papel que cada uno debe desempeñar. Permitan que él haga la mayor parte del trabajo de comunica-

ción y de entrenamiento al mismo tiempo que ella utiliza sus talentos gerenciales.

4. Traten de trabajar en espacios separados. Trabajar juntos es divertido pero a la vez puede convertirse en una distracción.

5. Comuníquense con frecuencia. Compartan sus ideas y su entusiasmo.

6. Confíen el uno en el otro. Ambos tienen las mismas metas y ambos recibirán las mismas recompensas.

7. No inunden la casa con asuntos relacionados con el trabajo. No utilicen áreas de la familia para apilar informes de ventas y facturas, pero hagan la excepción con las promociones que anuncien incentivos y viajes fabulosos —coloquen estos anuncios por todas partes.

8. Establezcan límites. Involucrarse en el negocio 7 días a la semana, 24 horas al día hace que las parejas tengan que renunciar a la experiencia. Tener líneas separadas para el trabajo y la familia es un buen punto de inicio.

9. Celebren. Uno de los gozos de trabajar juntos es celebrar sus logros. Hagan lo máximo para conmemorar los buenos momentos.

Una sociedad que comparta el trabajo y las recompensas con la persona que más le interesa a uno es increíblemente remuneradora. Abra una nueva puerta a su oportunidad e invite a las parejas a entrar por ella.

Vincule gente nueva cerca a su casa

USTED NO TIENE QUE IR MUY LEJOS para encontrar a la mayoría de sus prospectos. Estos usualmente provienen de las personas que ya conocemos y que hacen parte de nuestro círculo de amigos, familiares, vecinos y asociados.

¿Cómo se inició usted en el negocio de las redes de mercadeo? Probablemente escuchó del tema a través de un pariente o amigo. Ahora es su turno de pasar la antorcha a otros.

La mayoría de los nuevos en el negocio se vinculan a través de alguien que ya conocen. No permita que el temor le impida aprovechar la oportunidad de vincular a su negocio a personas cercanas a usted. Si usted aborda a sus conocidos de la forma apropiada, ellos no van a querer cruzar la calle para evitar encontrarse con usted.

Cuando usted empezó el negocio hizo una lista de las personas que conocía. Si no ha consultado esa lista durante algún tiempo, es hora de desempolvarla. Si usted fue lo suficientemente ingenioso desde el inicio, seguramente ha estado agregando nuevos nombres a esa lista. Pero si no lo ha hecho, comience a hacerlo desde ya.

Las relaciones son lo que hace que este negocio funcione. Usted podría gastar su vida entera buscando personas con las cuales construir una relación pero ya tiene una relación con las personas que conoce. ¿Por qué no intentar vincular a estas personas que ya lo conocen, que confían en usted y que le tienen aprecio? Es probable que digan que no, pero también existe la probabilidad que digan que sí. No desperdicie esa oportunidad.

Es posible que cuando se inició en el negocio usted ya les haya vendido productos a sus amigos o familiares. Ahora la pregunta es: ¿usted ya les ofreció la oportunidad de vincularse al negocio? Y aun en el caso que ya lo haya hecho, ahora tiene más confianza, más experiencia y mejores destrezas. Es probable que ahora el terreno esté abonado para hacer un segundo ofrecimiento.

Existen protocolos que deberá seguir para abordar a sus conocidos. Usted sabrá si se ha pasado de la raya cuando el teléfono deje de sonar, cuando le dejen de llegar invitaciones de tipo social y cuando las calles queden desiertas cuando usted cruza la esquina. Para mantenerse dentro de los límites apropiados adopte las siguientes formalidades:

☆ Nunca sorprenda a su prospecto. A nadie le gustan las emboscadas. Convierta una invitación social en una presentación de negocios y lo siguiente que verá es que se le conduce a la puerta de salida.

☆ Llame de antemano antes de tocar a la puerta de un amigo.

☆ Sea franco desde el principio. Explique por qué está llamando y pregunte si la persona dispone de tiempo para hacer una presentación corta. Puede decir: "Esta es una llamada de negocios. ¿Tienes tiempo para que charlemos?"

☆ Sin importar cuánto conozca a su posible prospecto, tenga una buena razón para abordarlo. Usted conoce las circunstancias de sus amigos y familiares, por lo tanto, haga que su encuentro refleje eso.

☆ Ofrezca siempre a su contacto la ruta de escape, por ejemplo: "Este negocio no es para todo el mundo. Sólo tú puedes determinar si es para ti".

☆ Sea generoso con elogios sinceros:

➤ "Sé que a mi patrocinador le impresionaría tu experiencia y tus antecedentes".

➤ "Te estoy contando esto porque siempre te he admirado".

☆ Si usted es nuevo, pida su opinión a otros. A la gente le encanta que le pidan ayuda y consejos. Haga que eso obre a su favor. Diga: "Estoy muy entusiasmado con este negocio, ¿qué opinas?"

☆ Pregúnteles a sus amigos si le permiten practicar con ellos. Pídales que modelen su ropa, que tomen sus suplementos, que lleven una muestra de sus chocolates o que ensayen sus productos para el cuidado de la piel. Las muestras funcionan bien con las personas conocidas, especialmente si usted fija una cita para hacer seguimiento:

➤ "Utiliza esta crema todas las noches durante esta semana y yo te llamo el lunes para ver si has notado cambios".

➤ "Este es un suministro de 14 días de nuestras súper vitaminas. Toma una porción en la mañana y otra en la noche. Te garantizo que vas a notar la diferencia. Te llamo en dos semanas para ver si estás de acuerdo".

☆ Utilizando como base lo que usted ve en sus hogares, haga preguntas estratégicas para hacer que sus amigos y familiares piensen en la posibilidad de unirse al negocio, tales como:

➤ "¿Qué vas a hacer con las fotografías que almacenaste en estas cajas?"

➤ "¿Dónde compraste estas velas?"

> ➤ "¿Sabías que puedes conseguir tus suplementos vitamínicos gratis?"

> ➤ "¿Alguna vez has pensado en probar una carrera diferente?"

> ➤ "¿Alguna vez has pensado si podríamos trabajar juntos? Creo que eso sería fantástico".

☆ Dé sus productos como regalo de cumpleaños o regalo de Navidad a sus amigos y familiares para que ellos los prueben:

> ➤ "Me gustaría saber qué piensas de nuestro nuevo catálogo".

> ➤ "De inmediato pensé en ti cuando vi los nuevos colores de temporada".

☆ Usted tiene una relación única con las personas que conoce. Usted sabe cómo viven ellos, conoce sus prioridades y su manera de pensar. Intente adelantarse a sus objeciones diciendo: "La duda más grande que tenía era (mencione la duda), pero en el entrenamiento aprendí que...".

☆ Concéntrese en actividades que pueda compartir. Intente decir: "Imagina lo divertido que sería ir de viaje juntos. El próximo es: una semana en las Islas Caimán".

No discrimine a sus prospectos por el simple hecho de que son amigos. Si usted se siente renuente a buscar prospectos de entre sus conocidos, utilice la prueba emocional que mencioné antes. Imagine cómo se sentiría si alguien a quien usted conoce se vincula con otra compañía o lo hace con otro representante. ¿No es verdad que eso dolería?

¿Conoce usted la regla de oro de las ventas directas? Es esta: "Las oportunidades nunca se pierden. Si usted no las aprovecha, alguien sí lo hará".

No se desanime de abordar a sus amigos y familiares porque uno de ellos rechaza el ofrecimiento.

En el promedio nacional, uno de cada diez de sus vecinos ya está trabajando en un negocio con sede en su casa. Pero si éste no es el caso de su vecindario, ¡mucho mejor! Es hora de ir y tocar algunas puertas.

Manifieste entusiasmo y calidez. Estas cualidades atraen a las personas. No pierda los estribos si la gente se muestra ruda. En ese caso usted no los querrá a ellos como clientes o auspiciados.

Asegúrese de no llegar a una hora inapropiada. Diga algo como: "Hola, gracias por abrirme la puerta. Espero no haber llegado en un momento inoportuno". Pause por un momento para darle a la persona la oportunidad de responder.

Si se siente nervioso, dígalo: "Esta es la primera vez que hago esto, así que por favor disculpe si sueno algo nervioso". ¿Quién rechazaría a alguien tan franco?

No existe un guión mágico para compartírselo. El flujo de la conversación dependerá de lo que ocurra con la persona que viene a la puerta. Intente algo como esto:

> "No nos habíamos conocido, pero yo soy Carolina. Vivo a la vuelta de la esquina y represento a (...) en esta área".

Este es un buen momento para decir algo halagador sobre la casa, el perro, el niño o el jardín.

"Siempre que paso y veo su jardín admiro sus rosas".

"¿Es su nieta? Desearía que mi madre viviera cerca".

"Su proyecto de remodelación se ve muy bien".

La respuesta de su prospecto determinará lo que suceda de ahí en adelante. La parte más difícil es romper el hielo. Apéguese a los principios básicos —haga preguntas y escuche lo que diga el prospecto. No recite un discurso aprendido de memoria. Observe estos ejemplos:

"¿Conoce usted los productos (…)?"

"¿Tiene una consultora de belleza?"

"¿Ha escuchado sobre el servicio de compras desde el hogar?"

"¿Puedo mostrarle brevemente algunos de nuestros productos más conocidos?"

"¿Ha visto nuestros juguetes educativos para los niños?"

"¿Le gustaría probar una renovación facial?"

Concéntrese en alguna razón particular para la visita:

"Le estoy visitando porque tenemos una colección especial de primavera (o para el Día de la Madre, etc.)".

Considere la posibilidad de realizar un evento donde pueda invitar a varios vecinos:

"Le estoy visitando porque quiero invitarle al prelanzamiento de nuestra colección para la temporada de vacaciones. ¿Pudiera acompañarnos (fecha y hora)? Sería maravilloso que asistiera".

En una ocasión trabajé con una distribuidora que vendía productos de belleza en una zona rural pequeña. Ella hizo amistad con el cartero y él le informaba cuando una nueva familia se mudaba a la zona. A los pocos días, ella pasaba y les daba la bienvenida. Casi siempre lograba conseguir nuevos clientes y a veces lograba vincular a alguien al negocio. No sorprende el hecho de que era una de las mejores vendedoras a pesar de tener una base pequeña de personas con las que podía trabajar.

Su próximo auspiciado podría estar justo frente a usted. La única manera de averiguarlo es abordar a todas las personas que usted conozca y ofrecerles la misma oportunidad que le ofrecieron a usted.

CAPÍTULO 25

Conforme un ejército de trabajadores a tiempo parcial

CUANDO SE TRABAJA A TIEMPO PARCIAL, invertir tan poco como 5 a 10 horas a la semana produce un ingreso significativo. La mayoría de las personas que trabaja en redes de mercadeo lo hace en la modalidad a tiempo parcial. Millones se vinculan a las redes con el fin de obtener sus propios productos a precio de mayorista. Otros millones se vinculan para atender las necesidades de unos cuantos amigos y familiares.

De cada 10 comercializadores en red, 7 trabajan a tiempo parcial. El promedio que ellos dedican al negocio es de 5 horas a la semana.

¿Vale la pena tener un ejército de vinculados para que trabajen a tiempo parcial? ¡Sin ninguna duda! A usted se le paga por las ventas totales generadas en su organización. Por lo tanto, cuantas más personas tenga vinculadas, mayores serán las ganancias. Y eso no es todo, su próximo auspiciado estelar podría ingresar al negocio como un pequeño participante, pero cargado con un excelente potencial para explotar.

Existen muchas maneras en que las redes de mercadeo funcionan en la modalidad de trabajo a tiempo parcial. Puede tratarse de estu-

183

diantes universitarios, madres que se quedan en casa, trabajadores de tiempo completo que complementan sus ingresos o dueños de negocios que suplementan sus actividades comerciales. Las redes de mercadeo presentan las siguientes posibilidades:

☆ Comenzar una nueva carrera sin necesidad de realizar estudios avanzados.

☆ La alternativa a un trabajo que ofrece poca satisfacción y estímulos.

☆ La posibilidad de trabajar en los ratos libres.

☆ Las ventajas en términos de impuestos que implica tener un negocio desde la casa.

☆ Tener acceso a excelentes productos a precio de mayorista.

☆ La satisfacción de aprender nuevas habilidades.

Puede ser que a su prospecto le guste la idea de trabajar desde la casa, pero dejar prematuramente un trabajo de tiempo completo le generaría estrés innecesario. La forma ideal de avanzar hacia la meta de tener su propio negocio es apoyándose en un trabajo de tiempo completo. Muchos comercializadores en red inician teniendo metas pequeñas las cuales empiezan a crecer a medida que logran visualizar el potencial del negocio de las redes de mercadeo, para después dejar su trabajo acostumbrado.

Cuando conozca prospectos que ya tengan un trabajo de tiempo completo, pregúnteles si disponen de cinco horas a la semana para realizar un trabajo a tiempo parcial. Los trabajadores motivados que disponen de 5 horas a la semana son el tipo de personas que queremos en nuestro negocio. En el caso de los organizadores de eventos de promoción, pueden organizar un evento una vez por semana, lo que incluye hacer las reservas, viajar y entrenar a los anfitriones. Todo lo anterior puede organizarse en 5 horas de trabajo. Hasta un ingreso modesto de USD $100 a la semana, llega a sumar hasta USD $5.000 al año.

Cada semana tiene 168 horas. Para muchos de nosotros el asunto del tiempo no es la cuestión. El asunto más bien es la forma como utilizamos el tiempo. Nadie obtiene ingresos adicionales si se sienta a ver por televisión la retransmisión de sus programas favoritos.

Lo que usted querrá evitar es que se cree un conflicto de intereses entre sus prospectos y sus empleadores. Sugiera las siguientes reglas de oro al combinar dos trabajos:

☆ De forma cortés, déjele saber a su empleador que ha iniciado un pequeño negocio a tiempo parcial. Deje claro que esto no interferirá con su trabajo actual.

☆ Nunca utilice el tiempo de la compañía para adelantar su propio negocio. Ni siquiera para asuntos como enviar un correo electrónico o hacer una llamada. Trabaje a conciencia en su empleo corporativo.

☆ No bombardee a sus colegas con información relacionada con posibles planes futuros de renunciar a su empleo actual para emprender su negocio de mercadeo en redes a tiempo completo.

A pesar que ellos demuestren interés en su nuevo negocio, evite hacer comentarios o comparaciones entre los dos tipos de trabajo. Hacerlo, va a generar sentimientos de rechazo.

☆ Si usted lleva información impresa o productos al lugar de trabajo, muéstrelos únicamente durante los momentos de receso programados.

☆ No utilice los suministros de la empresa en asuntos de su negocio de tiempo parcial. Ni siquiera un clip.

☆ Sin importar lo pequeño que sea, cada día haga algo que le permita adelantar su negocio. Los esfuerzos consistentes aunque pequeños siempre logran superar los grandes despliegues de actividad. Planee los horarios en los que va a trabajar en su negocio y apéguese a estos.

☆ No permita que el estrés eclipse su entusiasmo y niveles de energía. Si una persona está estresada, la familia entera sufre. Concéntrese en el cuadro final y fije una fecha límite. Por ejemplo, propóngase a sí mismo: "Voy a trabajar a este ritmo durante un año para construir mi negocio hasta el punto en que tenga que renunciar a mi trabajo".

☆ Delegue tareas de la casa a miembros de su familia. Si usted les informa cómo les beneficiará el nuevo negocio, ellos estarán dispuestos a contribuir. Ofrezca un incentivo, como por ejemplo, una mejor mesada a fin de mantenerlos motivados.

☆ Usted no es Superman ni la Mujer Maravilla. Evite asumir más trabajo del que le es posible manejar. Hacerlo le restará emoción al hecho de dejar de trabajar para otra persona para hacerlo para usted mismo. Pague a otros para que hagan el trabajo de limpiar, cortar el césped y hacer diligencias. El dinero fue hecho para gastarlo (y es probable que usted termine auspiciando a aquellos que contrate).

☆ Ahorre tiempo a través del sistema de hacer pedidos directos y de hacer que las compras sean enviadas directamente a los clientes. Considere a todos los que tocan a su puerta, incluido el chico que entrega la pizza, o al cartero, como posibles prospectos.

☆ Concéntrese en las actividades principales que impulsen su negocio. Descarte las distracciones innecesarias. Aprenda a decir no a aquello que no desee hacer. Tenga un reloj cronómetro cerca a su teléfono para controlar la duración de sus llamadas telefónicas. Grabe sus programas favoritos de modo que omita la sección de comerciales.

Dígales a sus auspiciados que trabajan a tiempo parcial que lo que cuenta no es lo que se hace, sino la manera como se hace. Si adoptan las reglas de oro, se ganarán el respeto y la admiración de familiares, amigos, colegas y empleadores. Es posible que, al final, sus auspiciados a tiempo parcial terminen vinculando ¡hasta a su propio jefe!

CAPÍTULO 26

Salga a buscar prospectos

LA FORMA MÁS EFECTIVA de construir su organización consiste en comenzar con su círculo cercano de contactos y mediante ése círculo extenderse a través de referidos y de reservaciones.

Si usted comienza desde un ámbito lejano al de la fórmula de las relaciones conocidas y comprobadas, está enviando el mensaje equivocado a sus auspiciados, los está distrayendo de la esencia del negocio que consiste en reservar, vender y auspiciar. Sin embargo, habrá ocasiones en las que usted necesite reconstruir o restaurar su negocio como en los siguientes casos:

☆ Usted decide cambiar su trabajo a tiempo parcial a la modalidad de trabajo de tiempo completo.

☆ Su compañía introduce un incentivo que requiere hacer un esfuerzo especial.

☆ Su auspiciado estelar es elevado de rango, de modo que usted debe reconstruir su organización.

☆ Luego de un receso en el negocio usted necesita volver a recuperar el terreno perdido.

☆ Ha experimentado una temporada baja en ventas.

☆ Se muda a otra ciudad.

☆ Usted está auspiciando a personas de su grupo que necesitan ayuda para generar posibles clientes.

En esos casos es hora de salir a conseguir prospectos. Estos no van a venir a tocar a su puerta. Usted tendrá que salir y encontrarlos —por eso es que a esto se le llama *búsqueda de prospectos*. Y si usted busca a sus prospectos de forma activa, va a encontrarlos en todas partes. Pero si por el contrario, usted espera a que ellos vengan y se presenten, esté seguro que la espera va a ser bastante larga.

Piense en un desierto y probablemente concebirá un paisaje seco y estéril. Es difícil de creer que algo sobreviva a un entorno tan hostil. Pero bajo la superficie arenosa, millones de semillas pequeñas permanecen dormidas. Cuando llueve, las semillas despiertan de su estado de hibernación. En pocos días la vida florece y el desierto se cubre de hermosos colores.

Lo mismo ocurre con su negocio. En el lugar donde usted vive, hay cientos, si no miles, de personas que esperan una oportunidad para florecer. Quizás tienen grandes sueños, pero no tienen idea de cómo hacerlos realidad. Tal vez nunca hayan escuchado sobre la oportunidad de su negocio o tal vez nunca la hayan entendido. Y usted pudiera convertirse en la persona que trae estas semillas a la vida.

El gerente general de una corporación muy conocida de ventas directas dijo una vez: "Nosotros nos vemos a nosotros mismos como un gran negocio de desarrollo personal disfrazado con la imagen de una empresa que vende productos".

¿Pero quién va a saberlo si usted no se lo dice a las personas?

Cuando vine a vivir a los Estados Unidos, no conocía a nadie. Como persona nueva y como extranjera no tenía más opción que empezar a conocer personas. Como era de esperarse, nadie me devolvía llamadas, nadie contestaba mis cartas, ni respondía mis correos electrónicos. Me tomó meses de firme determinación para lograr mis primeros contactos comerciales.

¿Fue difícil? Completamente.

¿Me di por vencida? ¡Nunca! Yo tenía la firme convicción de que tenía algo bueno para ofrecer y estaba decidida a encontrarme en el lugar correcto cuando viniera el tipo de persona correcta. Yo me uní a clubes y asociaciones que servían a la industria de ventas directas. Me suscribí a muchas publicaciones para identificar los tipos de decisiones correctas que debía tomar. Asistí a reuniones y eventos para conocer a las personas frente a frente. Enviaba artículos para hacer que mi nombre fuera recordado por los posibles clientes.

Con el tiempo, mi persistencia dio resultados. Se me presentó la oportunidad de hablar en un evento de la industria. Se trataba de una sesión de múltiples opciones, con cinco o seis oradores que competían por la misma audiencia. La sala que se me asignó estaba tan retirada del evento principal que prácticamente tenía que tomar un autobús para llegar allá. ¿Acudirían las personas para escuchar a un orador del cual nunca antes habían oído?

Durante dos días de la convención estuve presentándome e invitando a venir a mi charla a tanta gente como pude. Sin embargo, logré ver a muy pocas personas a las que yo consideraba mi objetivo. Mi intensión era abordarlas a nivel personal y no en grupo ya que quería evitar al máximo incomodarlas.

Entonces tuve una oportunidad de oro. Me fui al baño de mujeres e ¿imaginen lo que sucedió? En el espejo retocando su labial estaba una de las mujeres clave que asistían al evento y que estaba segura que no podría abordar fácilmente en el salón de conferencias. La abordé y ella concordó con venir a escucharme, promesa que más tarde cumplió. Pocas semanas después esta mujer accedió a que le hiciera una visita. Se necesita una buena dosis de coraje y de atrevimiento para empezar a construir el negocio.

Cuando se trata de salir y buscar prospectos, todos tenemos abundantes oportunidades de conocer a auspiciados potenciales.

Sáqueles el partido a las herramientas

Algunas herramientas nos ayudan a comunicar eficazmente nuestro mensaje. Puede tratarse de un folleto, un CD o un DVD que cuente la historia. Averigüe sobre los recursos que provee su organización. ¿Se anuncia su negocio en una revista prestigiosa? ¿Se anuncian sus productos en los periódicos? Las revistas y los periódicos nos ayudan a establecer credibilidad porque publican artículos, opiniones de expertos e historias personales de éxito que destacan tanto el producto como la oportunidad del negocio.

Muchas corporaciones recomiendan que usted disemine estas ayudas por toda la comunidad. Por ejemplo, deje algunos volantes en salas de espera de consultorios médicos y en restaurantes. Otra sugerencia es compartirlas con los clientes existentes, con los prospectos y con los invitados a eventos promocionales. Aproveche todos los medios a su disposición y no olvide incluir su información de contacto.

Las herramientas se crean con un propósito: hacer que nuestro trabajo sea más fácil. No funcionan si no las utilizamos. Si, digamos, usted invierte en 10 revistas que promocionan su negocio, asegúrese que las revistas estén siempre en circulación. Póngase la meta de repartir una cada día y de reciclarlas cada 10 días. Desarrolle el hábito de dar una y recuperar una cada día.

Aumente su visibilidad en la comunidad

Si su meta es conocer a más personas, no hay límite de medios para lograrlo. Por ejemplo, intente lo siguiente:

☆ Únase a un club. La Cámara de Comercio o su centro comunitario local le facilitarán una lista. Entre estos va a encontrar clubes de servicio, grupos sociales y asociaciones de comerciantes. El periódico local y los boletines comunitarios de noticias suelen contener bastante información útil.

☆ Programe una clase de educación complementaria que atraiga a aquellos que utilizan sus productos. Por ejemplo, si usted vende utensilios de cocina o productos alimenticios, programe una clase de culinaria.

☆ ¿Dispone usted de una hora o dos para servir como voluntario? Nadie va a rechazar su oferta de ayudar en un hospital, escuela, centro comunitario o iglesia. Puede que todo lo que se necesite para acceder a un nuevo círculo de personas sea un buen contacto.

☆ Solicite que sus productos sean entregados en su lugar de trabajo para que pueda atraer a colegas curiosos cuando usted abra la caja durante un momento de receso laboral. Asegúrese de que se incluya siempre una muestra relevante de literatura en sus pedidos para compartirla con otros.

☆ Ofrezca sus productos en toda oportunidad posible, por ejemplo, mientras hace la fila en la cafetería, en los baños públicos, estaciones de bus, aeropuertos, tiendas y supermercados. Vaya a la biblioteca local, a las ventas de garaje, converse con sus vecinos sobre su próximo evento promocional.

☆ Convierta los encuentros casuales en contactos. Puede preguntar: "¿Usted qué hace?". Cuando ellos le pregunten a usted, diga: "Tengo un trabajo sensacional —soy representante de (nombre de la compañía)". En una tienda puede preguntar, "¿Le gusta trabajar aquí?" Cuando sea su turno diga: "Me encanta mi trabajo. Vendo productos de spa en eventos promocionales". En un restaurante, pregunte, "¿Ha comido aquí antes?" Si encuentra una respuesta receptiva, diga: "Soy gerente de (nombre de la compañía) y mi equipo se reúne aquí una vez al mes". También pudiera decir: "Estoy celebrando, acabo de ganar un viaje gratis a Maui. ¿Le gusta viajar?"

☆ Asista a cada evento o reunión social donde se le invite. Si no conoce a nadie, intente esta técnica para romper el hielo: actúe como si usted fuera el anfitrión. Así encontrará más fácil relacionarse con las personas.

☆ Aproveche todas las oportunidades para comenzar relaciones. Los expertos en relaciones recomiendan estos pequeños pasos para hacer la conexión:

➤ Hágale un favor a alguien.

➤ Pídale ayuda a alguien. Por ejemplo, "Estoy buscando…".

➤ Ofrezca su ayuda. Por ejemplo, "¿Necesita ayuda?"

➤ Préstele algo a alguien.

➤ Recomiende algo (un libro, un sitio web, etc.).

➤ Dé algo a alguien.

➤ Pida sugerencias/opiniones.

➤ Haga cumplidos. Por ejemplo: "¡Bonita corbata!"

Promuévase a usted mismo

Usted aumentará sus probabilidades de hacer contactos si promueve su perfil en la comunidad.

☆ ¿Le gusta escribir? Su periódico local estará complacido en recibir un artículo u opinión sobre algún tema de interés. Usted tiene todo para ganar y nada qué perder. Envíe comunicados de prensa sobre nuevos productos, eventos especiales y logros alcanzados. Antes de remitir algún artículo, determine de antemano lo que más le interesa a los lectores de esa publicación. Llame con anterioridad para verificar la política editorial y las condiciones de presentación del artículo. Asegúrese que el contenido es informativo. Las noticias no tan recientes y los argumentos desgastados no son elegibles para impresión. Las fotos interesantes aumentan las probabilidades de publicación.

☆ ¿Le gusta hablar en público? Los grupos comunitarios, de profesionales, de negocios, las organizaciones de caridad y los grupos sociales siempre tienen necesidad de oradores para presentar sus programas. Una presentación de 20 a 30 minutos que sea entretenida e informativa atrae a la mayoría de audiencias. Muchos grupos reciben gustosamente las presentaciones sobre cómo combinar el guardarropa, preparación de chocolates, preparación de alimentos gourmet en minutos o decoración para el hogar con las últimas tendencias de temporada. Prepare su discurso de acuerdo a su audiencia y utilice un título creativo que capte la atención de los organizadores. Estas son algunas ideas:

➢ ¿Nos están perjudicando las drogas legales (o los alimentos que consumimos)?

➢ Siete pecados que aceleran el envejecimiento de la piel.

➢ ¿Qué tanto le beneficia el chocolate a usted?

➢ Cree diez atuendos distintos con cinco piezas para el verano.

➢ Haga sus propias velas.

➢ Cómo comenzar la educación de los hijos.

➢ ¿Cómo convertir un pasatiempo en un negocio lucrativo?

Si usted logra entretener e informar, téngalo por seguro que será invitado de nuevo o será referenciado con otros clubes.

No se limite a presentar sus productos. ¿Qué tal hablar sobre…?

Las exenciones de impuestos para quienes trabajan desde la casa.

Cómo complementar su fondo de jubilación trabajando sólo 5 horas a la semana.

Como recompensa por su valiosa asesoría usted logrará atraer audiencias para promocionar su negocio.

☆ ¿Se publica un periódico local en su comunidad? Aproche los temas que hacen noticia (como el aumento en los niveles de obesidad), y escriba una nota al editor de su publicación local. Adjunte una copia del próximo boletín para clientes.

Promueva su negocio

Facilítele a las personas conocer el hecho de que usted tiene una oportunidad de negocio para ellas.

☆ Rente una caseta en un centro comercial, en una feria comercial, un bazar de iglesia o feria escolar. Si el costo es muy alto, haga un esfuerzo de equipo. Asegúrese de que su caseta sea más llamativa que las de sus competidores. Algunas cosas que atraen a las personas son muestras gratis, degustaciones, dar objetos promocionales, hacer una caja de sorpresas, demostraciones y consultas o asesorías a posibles clientes. Los globos y las colombinas atraen a los niños y sus padres estarán cerca a ellos.

☆ Cree su propia mini feria de exposición. Escoja un tema como "Inicie un negocio desde su casa", o "Realice las vacaciones de sus sueños", o "Prepare comidas excelentes en sólo unos minutos". Invite a otros comercializadores en red y proveedores a participar. No es casualidad que distintos negocios como distribuidores de automóviles, tiendas de anticuarios, restaurantes y cafés, se congreguen en un mismo lugar. Ese hecho aumenta el tráfico de visitantes. Si el evento es lo suficientemente grande, el periódico local estará dispuesto a hacer cubrimiento del evento.

☆ Ponga un letrero en el tablero de anuncios de su comunidad con un mensaje como:

➤ ¡Seminario gratis sobre cómo empezar un negocio desde la casa!

➤ ¡Asesorías sobre cómo tener su propio negocio!

➤ ¡Se necesitan personas para trabajar tiempo parcial!

➤ ¡Trabajos de verano para estudiantes!

☆ Realice un evento en un área muy transitada. Camine alrededor y entregue invitaciones al lado de la acera. Convoque a sus amigos y familiares para que le ayuden si cuenta con muy poco personal.

☆ Entregue cupones de regalo —por ejemplo, para hacer una limpieza facial. Haga sonar especial la promoción: "Sólo tengo diez cupones y me encantaría darle uno a usted", o "Acabo de cumplir mi meta de ventas para este mes y tengo cinco tarjetas para limpieza facial gratis".

☆ Envíe un correo electrónico promocional. Los expertos en este tipo de correos dicen que sólo la mitad de quienes reciben un correo con una oferta especial lo abren. Aquí hay algunas sugerencias para aumentar las posibilidades de que sus prospectos lean sus ofertas:

➤ Encárguese de que tengan un fuerte atractivo visual. La forma, el tamaño y el color hacen la diferencia.

➤ Ofrezca un cupón de grandes descuentos o una promoción "compre uno y lleve dos".

➤ Envíe un sólo mensaje.

➤ Asegúrese de incluir sus datos de contacto.

➤ Antes de enviar cualquier promoción, revise que no hayan errores.

☆ Las tarjetas postales son más económicas de enviar que las cartas. Éstas no tienen que ser abiertas, de modo que su oferta saltará a la vista. Envíe postales para anunciar nuevos lanzamientos, ofertas o incentivos especiales. Por ejemplo, imaginemos que su compañía envía la convocatoria para calificar por un viaje a México. Envíe una postal que diga: "¿Podría usted vender…? En los próximos seis meses usted podría ganar un viaje gratis a México. Llame ahora mismo para obtener más información". Esté seguro de que va a despertar el interés en algunos de los destinatarios.

☆ Patrocine algún equipo deportivo, obra de caridad o campeonato. Asegúrese que su pendón, publicidad y volantes se distribuyan ampliamente. Ofrézcase para presentar los premios.

☆ Pruebe esta encuesta de satisfacción en un centro comercial o
   en la calle (no olvide solicitar autorización para ello). Invite a la
   gente a contestar sí o no a las siguientes preguntas, comparando
   su "ideal" con el trabajo "actual":

   ➤ Yo mismo programo mi propio horario de trabajo.

   ➤ Cuando tengo un buen desempeño se me reconoce mi es-
     fuerzo.

   ➤ Mi compañía paga mis vacaciones anuales.

   ➤ Puedo tomar mis vacaciones cuando yo quiera.

   ➤ Yo decido cuánto ganar.

   ➤ Recibo entrenamiento progresivo.

   ➤ Recibo bonos mensuales por desempeño.

   ➤ Puedo ganar un automóvil de la compañía.

   ➤ Puedo tomar tiempo libre para atender mis asuntos familia-
     res o personales.

   ➤ Puedo beneficiarme de exenciones tributarias.

Si existen muchas diferencias entre su trabajo actual y su trabajo
ideal, probablemente es hora de empezar a considerar la posibilidad de
trabajar en el negocio del mercadeo en redes.

Existen oportunidades sin límite para promover nuestro negocio.
Todas serán posibles de utilizar, pero usted deberá determinar cuáles
son las mejores para usted. Sin importar lo que escoja, hágalo con estilo
y gusto. Lo que usted escoja, sea un discurso, un artículo, una caseta, un
correo o cualquier otra cosa, se convertirá en su ventana ante el mundo.
Las presentaciones mal preparadas o mal transmitidas no contribuirán
al éxito de su negocio.

Pero sobre todo, asegúrese que el salir a buscar prospectos no in-
terfiera con su negocio del día a día. Aun cuando sus esfuerzos sean
exitosos, si descuida a sus clientes actuales y a sus auspiciados, habrá
dado un paso adelante, pero dos hacia atrás.

CAPÍTULO 27

Cómo conseguir referidos

LAS TRES PALABRAS MÁGICAS en un plan de negocio a terceros o en las redes de mercadeo son: "Traiga un amigo".

Su próximo auspiciado estelar puede venir tanto de un prospecto "accidental" así como de la persona que usted ha estado visitando por meses. Usted ya ha identificado a las personas perfectas para su negocio. Puede ser que el invitado que está asistiendo al evento como apoyo a un amigo con el tiempo se convierta en el auspiciado perfecto. Nunca sabremos si aquella era la única oportunidad para conocer a esa persona.

Sin importar el tipo de evento que esté planeando —celebración, entrenamiento, reunión, prelanzamiento de producto, noche de oportunidad o seminario de negocios, pedirle a un invitado que traiga un amigo aumentará dramáticamente su número de contactos. Si su esposo o compañero no puede acompañarle a una convención y si las políticas de la compañía lo permiten, traiga un amigo. ¿Quién puede resistirse al color, al entusiasmo y a la energía de una convención anual?

Si usted es organizador de eventos promocionales, incluya con cada invitación un recordatorio que diga algo como "Traiga un amigo y reciba un obsequio". Si sus invitaciones son pre impresas, invierta en

un juego de etiquetas coloridas con la leyenda: "Traiga un amigo y reciba un obsequio", y péguelas en el sobre. Pídales a sus anfitriones que
le digan a cada invitado que traiga un amigo y añada como incentivo
un regalo para todo aquel que lo haga. No deje el asunto a la casualidad. Asigne a su anfitrión un objetivo y ofrezca un bono de regalo si lo
alcanza.

Además del programa de referidos generados por el programa
"Traiga un amigo", existen varias maneras de conseguir nuevos contactos:

☆ En las reuniones y eventos de oportunidad, organice un juego
de referidos. Entregue una hoja de papel y pídales a sus invitados que escriban el nombre de cualquier persona que ellos
consideren que pudiera estar interesada en participar como anfitriona o que probablemente quisiera asistir a un evento similar.
Para añadir entusiasmo y competitividad, fije el cronómetro en
tres minutos. El invitado que tenga el mayor número de nombres gana. Así usted obtendrá los clientes y el ganador también
se habrá identificado como un trabajador en redes en potencia.
¡Manténgase alerta para identificar prospectos!

☆ La forma más simple de conseguir referidos es pedirlos. Aumente sus posibilidades de éxito mediante sugerir de forma específica a sus contactos para que piensen en algunos nombres:

➤ "¿Conoce usted a alguien a quien le podría ir bien en lo que
yo hago?"

➤ "¿Quién es la persona más entusiasta/más trabajadora que
usted conoce?"

➤ "Conoce usted a alguien que...

› ...¿haya estado en las ventas directas antes?

› ...¿hable de querer tener su propio negocio?

› ... ¿utilice bastantes joyas?

> › ... ¿tenga una piel fabulosa?

> › ... ¿le interesen las plantas medicinales o los aceites esenciales?

> › ... ¿trabaje en un centro de salud o centro de bienestar?

> › ... ¿recientemente haya vendido o esté intentando vender un negocio?

> › ...¿tenga muchos amigos?

Continúe preguntando: "¿Qué es lo que más le gusta o admira de esa persona?" Usted obtendrá buenos resultados si dice: "Nicole me dio su nombre. Ella dice que usted es la persona que tiene más amigos en el mundo", o "Mateo dice que usted es el mejor trabajador que conoce".

Es buena idea solicitarle a quien da el nombre de referidos que llame a estas personas y les anuncie que usted les estará llamando. Aún mejor si la persona concuerda en dar una razón de por qué cree que el referido pudiera estar interesado en su llamada.

☆ Mantenga a mano un suministro de bonos "10% de descuento en su próxima compra" para premiar y animar a quienes den el nombre de referidos.

☆ Si usted hace las entregas, incluya un incentivo para obtener referidos en los pedidos de los clientes.

☆ Agregue líneas de contacto de referidos y ofrezca un incentivo a quienes respondan a los correos, boletines y comunicaciones que usted envíe.

☆ Algunos comercializadores en red que conozco, compran listas de clientes. Todavía tengo mis reservas en ese tema. Antes aconsejaba no utilizarlas, pero he notado que las listas han estado mejorando continuamente, así que es posible que cambie de opinión. Mientras tanto, ustedes deberán evaluar el asunto y tomar su propia decisión.

☆ Los referidos no necesariamente deben venir de sus contactos
   actuales. Usted puede crear referidos visitando los negocios
   cuyo objetivo sea su mismo mercado. Deje volantes y folletos
   en esos lugares. En el caso de los productos de salud, visite los
   lugares donde se ofrecen pilates, yoga y clases de ejercicios. Si
   usted vende juguetes, visite jardines infantiles y servicios de
   guardería. Para productos veterinarios, visite guarderías y consultorios veterinarios. Si se hace necesario, facilite el arreglo
   ofreciendo productos gratis. Con un poco de imaginación se
   puede crear una situación gana-gana. A cambio de exhibir su
   material, ofrezca los bonos de descuento que el negocio utiliza
   para atraer nuevos clientes.

Existe una manera de fracasar en cuanto a conseguir referidos y
ésta consiste en no solicitarlos. Si usted enfoca su mente en obtener
referidos, conseguirá muchos clientes.

Convierta el conocimiento en acciones prácticas

C A P Í T U L O   2 8

El ensayo general

IMAGINE QUE EL MUNDO ES SU ESCENARIO. Uno no actúa si no ha ensayado previamente. Antes de empezar a llamar a sus prospectos, ensaye su libreto y la forma en que va a expresarse.

Muchos de nosotros pensamos de forma visual, de modo que traducimos las palabras que escuchamos en imágenes. Podemos "ver" a los personajes de los libros que leemos y soñamos a todo color. Cuando usted está presentando su negocio ante otros, está transmitiendo no sólo palabras, sino también imágenes sobre su negocio. Cuanto más vívidas sean esas imágenes, mejor podrá inspirar a sus prospectos a actuar.

Antes de ponerse bajo las luces de un proyector, asegúrese que el mensaje que quiere transmitir se refleje en sus palabras.

¿Sencillo o fácil?

El nuestro es un negocio sencillo. Pero no es fácil. Se requiere de tiempo y energías para construir una red de mercadeo. Si usted crea la impresión de que hacerlo es fácil, estará dirigiendo a sus prospectos hacia la frustración y el desengaño. Por lo tanto, transmita una imagen realista del compromiso que se requiere y así evitará invertir tiempo en entrenar y patrocinar personas con falta de deseo, de habilidades y de impulso para prosperar en el negocio.

¿Produciendo o ganando dinero?

Aunque las comisiones y los bonos que recibe por sus ventas pudieran parecer altos en el papel, usted realmente gana lo que merece. En la mayoría de los otros trabajos a usted se le paga por asistir. Los empleadores basan su presupuesto de pagos tanto en el tiempo productivo como en el tiempo no productivo. Ellos factorizan los periodos de vacaciones y los días de enfermedad, así como los beneficios de salud y los aportes pensionales. También hacen previsiones para cuando el negocio esté lento o los empleados tengan periodos de baja actividad.

Las redes de mercadeo pagan por los resultados. A usted se le paga cuando vende los productos. De modo que debe trabajar duro para construir un negocio rentable. Por lo tanto, evite utilizar la frase "Producir dinero" y en cambio, utilice una frase mucho más precisa: "Ganar dinero".

¿Pedir u ofrecer?

¿Por qué algunos encuentran difícil vincular a otros al negocio? Principalmente se debe a que les falta confianza para pedir.

Imagine que usted está sentado frente a una gran torta. Está recubierta con un exquisito e irresistible chocolate. Al otro lado de la mesa, está otra persona mirando el pastel. Ahora piense en estas dos escenas:

☆ La torta pertenece a la persona sentada frente a usted. Usted se muere por una tajada, pero es demasiado tímido o se siente muy abochornado por pedirla. ¿Y si pido un pedazo y la persona me dice que no? Entonces se olvida de la oportunidad de disfrutar del pastel.

☆ La torta es suya. Hay suficiente para compartir y a usted le complace ofrecer una porción a la persona sentada frente a usted. ¿Cómo se siente? ¿Amable? ¿Generoso? ¡Por supuesto! Usted le ha dado a alguien más la oportunidad de compartir su alegría. Las mismas personas, el mismo pastel, perspectivas diferentes.

Las redes de mercadeo no son nada distinto. Usted les está ofreciendo a los prospectos la oportunidad de aprender y de iniciar sobre su negocio si ellos concuerdan en hacerlo. Usted no está tratando de forzarles ni de convencerles. Sea generoso al ofrecer su oportunidad con el mayor número de personas posible, y deje que sean ellas quienes decidan si han de aceptar.

¿Prometer más de la cuenta o por debajo de lo esperado?

Es muy difícil refrenarse cuando se está lleno de entusiasmo. Pero tenga cuidado. No se deben exagerar los beneficios de las redes de mercadeo o del negocio de organización de eventos promocionales. Es mejor sorprender y deleitar a sus auspiciados cuando se exceden las expectativas, que generar desilusión cuando las cosas prometidas no ocurren.

¿Detalles o puntos de interés?

Los detalles no mueven el negocio. Si los productores de cine revelaran la trama completa en la propaganda, nadie vería la película. Haga lo que hacen los productores. Concéntrese en algunos puntos de interés.

Asegúrese que sabe contestar las siguientes preguntas en 30 segundos o menos:

"¿Qué hace únicos a sus productos?"

"¿Qué tiene de especial su oportunidad?"

"¿Cómo iniciar?"

"¿Cómo conseguir los clientes?"

"¿Cómo afiliar vendedores?"

"¿Cuánto cuesta comenzar?"

"¿Hay otros costos implícitos?"

"¿Cómo me pagan?"

"¿Qué le hace pensar que esto es para mí?"

Mantenga un tono conversacional. Evite sonar como si estuviera dando un discurso ensayado. Sea conciso. Si percibe que se extiende demasiado, elimine la información innecesaria o ambigua. Practique con un reloj cronómetro hasta que haya dominado la técnica de los treinta segundos.

Este es un ejemplo que demuestra cómo presentar un plan de compensación en treinta segundos.

"El plan especifica lo que usted gana. Usted obtiene el 30% de las ventas que realice y un 3% adicional por las ventas de las personas que usted auspicie. Cuando alcance la posición de gerente, ganará el 50% de sus ventas personales y un 10% por las ventas de su equipo. Esto es asombroso. Cuanto más haga, más ganará. De usted dependerá ganar USD $100 a la semana o $10.000".

Antes de pronunciar alguna otra palabra, formule una pregunta basada en la reacción de su prospecto.

"¿Le parece interesante?"

"¿Qué opina?"

"¿Tiene usted alguna pregunta?"

Cuando su prospecto haga una pregunta o un comentario, solicite autorización para hablar durante otros treinta segundos sobre el área de interés de la persona o para clarificar algún punto que no haya sido entendido. Usted aumentará sus oportunidades de tener una audiencia receptiva si responde a las preguntas, en vez de intentar abarcar toda la información de una sola vez.

Observe la siguiente lista que reúne los errores más comunes que comenten los promotores menos experimentados o muy ansiosos en el negocio. Si usted descubre que está incurriendo en alguno de esos errores, corríjalos para que logre hacer presentaciones de alto impacto en todo momento:

☆ Demasiada información. A nadie le interesa saber cuándo fue lanzada al mercado la compañía o el porcentaje exacto que se paga en cada uno de los niveles del plan de compensación.

➤ ¿Cómo corregirlo? Determine qué es lo esencial que sus prospectos necesitan saber y limite su presentación a esa información.

☆ La presentación es muy monótona.

➤ ¿Cómo corregirlo? dé vida a sus presentaciones, incluyendo anécdotas interesantes, ejemplos motivadores, y preguntas que estimulen a la reflexión. Usted tiene muy poco tiempo para lograr su objetivo. ¡No lo desperdicie!

☆ Evite exagerar su ventaja competitiva. No haga aseveraciones exageradas, como por ejemplo: "Somos la empresa de más rápido crecimiento", "Nuestra empresa es la que mejor paga".

➤ ¿Cómo corregirlo? Si usted no tiene acceso a los datos de otras compañías, ¿está seguro de los hechos? Si no es así, mejor no lo diga. Utilice el tiempo de forma más eficiente concentrándose en las necesidades de sus prospectos.

☆ Evite hacer demasiado énfasis en el asunto del dinero.

➤ ¿Cómo corregirlo? Las personas se vinculan a este negocio por miles de razones. Comparta mucho más que los beneficios financieros. De lo contrario, perderá prospectos en busca de un nuevo desafío, la oportunidad de conocer personas nuevas, la posibilidad de aprender habilidades nuevas, y de divertirse mucho.

☆ Demasiado "Yo".

¿Cómo corregirlo? La oportunidad del negocio es para su prospecto. Hable sobre él y así logrará mantenerlo sintonizado con lo que usted diga.

No deje el éxito a la casualidad. Usted no saldría al escenario sin antes haber ensayado varias veces. Cuanto mejor preparado esté usted y mayor sintonía tenga con su público, mayores probabilidades tendrá de convertirse en la sensación.

CAPÍTULO 29

Cómo abordar a sus prospectos

CUÁNTAS MÁS PERSONAS ABORDE, más citas conseguirá. Cuantas más citas programe, más personas usted logrará vincular. Cuanto más temprano empiece, más pronto obtendrá resultados. Usted tendrá que enamorarse del teléfono.

Si usted realmente quiere convertirse en un auspiciador estelar, —¿por qué conformarse con menos?—, usted necesitará desarrollar el hábito de hacer 10 llamadas telefónicas al día. Y no sólo se sentirá más cómodo cuando haya adquirido el hábito, sino que incrementará sus posibilidades de obtener respuestas positivas en cada llamada.

Escoja una hora dentro de su horario y convierta ese espacio en su momento de logros. Las únicas llamadas que deberá hacer, serán las llamadas a sus prospectos. Entre estas están:

☆ Las llamadas a los nuevos prospectos

☆ Las llamadas de seguimiento a los prospectos en proceso

☆ Las llamadas a los referidos

☆ Las llamadas en frío para conseguir nuevos prospectos

Las siguientes sugerencias le ayudarán a lograr lo mejor en cada llamada:

☆ Antes de tomar el teléfono, respire profundo varias veces para relajar su voz. Concéntrese en la exhalación, hágalo tan profundamente como pueda. Luego llene sus pulmones y vuelva a repetir el proceso.

☆ Haga la llamada desde un sitio libre del ruido de la televisión o de las actividades de familia. Cierre la puerta para evitar interrupciones.

☆ No abandone la habitación hasta que la hora de llamadas haya concluido. No se permite ir a reabastecer la taza de café o a mirar la ropa en la secadora. Las distracciones no obran a su favor.

☆ Si usted está llamando a alguien conocido, permítase unos minutos para socializar.

☆ Adopte un tono conversacional y entusiástico, haga de cuenta que estuviera llamando a alguien para recomendarle una película.

☆ Mantenga corta la duración de la llamada. Usted derrotará el propósito de la cita si lo dice todo a través del teléfono.

☆ No lea ni siga un guión. Muestre sinceridad y sea usted mismo.

☆ Haga preguntas y escuche atentamente lo que diga su prospecto. En vez de adoptar un tono de negocios procure mantener una conversación de dos vías.

☆ No reciba las negativas como si se tratara de algo personal. Esta es una llamada de negocios, no una llamada personal, los rechazos que surjan son para su negocio, no para usted.

☆ Sin importar lo que suceda, diga: "Gracias por su tiempo, fue muy bueno conversar con usted". Envíe una nota con un bono de descuento a través del correo. Ese gesto será apreciado y le hará más fácil volver a llamar de nuevo.

☆ Repase cada llamada. ¿Cuáles fueron los aspectos positivos? ¿Cuáles no? Haga los ajustes necesarios antes de volver a marcar otro número telefónico. La práctica hace al maestro. Pruebe con distintos enfoques hasta que descubra el que mejor funciona. Pero sobre todo, no se tome a sí mismo demasiado en serio. Tener un buen sentido del humor es de mucho valor a medida que se trabaja. Si usted no lo está disfrutando, ¿de qué vale todo lo demás?

☆ Los mensajes de voz no cuentan, ni tampoco las llamadas a sus familiares más cercanos. Durante su hora en el teléfono intente hacer las 10 llamadas programadas. En algunos casos esto significa trabajar un poco más de tiempo.

El flujo de la llamada dependerá de la relación que usted tenga con su prospecto así como de su propia personalidad.

Aquí hay otro conjunto de sugerencias que es posible combinar y adaptar.

Inicie cada llamada presentándose y preguntando: "¿Tiene unos minutos?", o "¿Le llamé en un momento oportuno?"

Si la respuesta es: "Este no es un buen momento", o "Estoy a punto de salir", pregunte: "¿Está bien si le llamo mañana, o es mejor el fin de semana?"

Si la respuesta es afirmativa, puede decir: "Me alegra haberle encontrado en un buen momento. Permítame decirle el motivo de mi llamada".

Las siguientes introducciones me gustan mucho porque son directas y algo atrevidas:

"Estoy llamando porque quiero que venga a trabajar conmigo".

"Estoy llamando para invitarlo a unirse a nuestro equipo".

"Estoy llamando porque quiero ofrecerle un trabajo".

Asegúrese de siempre contar con la palabra mágica, "porque...". Si usted no tiene una razón para hacer la llamada, no la haga. Intente el siguiente enfoque para alguien cuyos antecedentes indiquen fuertes probabilidades de cerrar el negocio:

> **Usted:** "Ray, ¿sabías que algunas de las personas más exitosas de nuestra industria son (artistas/profesores/ingenieros)?"
>
> **Ray:** "¿Por qué ocurre eso?"

Personalice su explicación. Si Ray es profesor, diga: "Yo creo que es porque ustedes son excelentes comunicadores".

Usted puede agregar tanto como desee: "Ser profesor te da credibilidad de inmediato".

Si usted es nuevo, pruebe el siguiente enfoque con las personas conocidas:

> **Usted:** "Hola Jan. Habla Ruby, ¿imagina qué? ¡Comencé mi propio negocio!"

Y dado que Jan la conoce bien a usted, va a preguntar: "¿Qué negocio?"

> **Usted:** "Estoy vendiendo la gama más increíble de productos (de belleza/de salud/educativos). Acabo de terminar el entrenamiento y me encantaría ser la primera en mostrártelos, porque (siempre te ves increíble/yo siempre respeto tu opinión/tú sabes lo que es tener negocio propio). Estoy impaciente de que los veas. ¿Tienes tiempo alguna noche de esta semana? Tomará una hora".

Para una oportunidad especial, pudiera decir:

"Alguien va a hablarle de esto y yo quiero ser el primero en hacerlo".

Para llamar a un buen cliente, diga:

Usted:	"Hacía tiempo que quería llamarte pero decidí no postergarlo más".
Izak:	"¿De qué se trata?"
Usted:	"Quiero hablarte del negocio".
Izak:	"¿De qué me hablas?"
Usted:	"Tú eres exactamente la clase de persona que estamos buscando. A ti te gustan mucho los productos y...".

Para un prospecto sobresaliente, siga estas líneas:

"En el entrenamiento se me preguntó quién sería la primera persona a quien yo abordaría e inmediatamente pensé en usted".

"Tan pronto como decidí trabajar en esto, pensé en quién podría interesarse por trabajar en lo mismo, y pensé en usted".

Para invitar a sus amigos a un evento de lanzamiento, intente lo siguiente:

"Hola Beki. ¿Recuerdas que te mencioné que estaba empezando mi propio negocio? Pues bien, está marchando mejor de lo que esperaba. Así que, he invitado a algunos amigos para celebrar. Me gustaría que pudieras venir. ¿Estás libre el martes por la noche?"

Asegúrese de hacer especial esta celebración. Cree un ambiente festivo, sea generoso con las muestras, y concéntrese en sus amigos en vez de hacer un gran despliegue sobre su negocio. Muestre algunos productos y dé a cada invitado un paquete de anfitrión. Al final de la fiesta diga: "No puedo esperar hasta hacer un evento para ti, porque mira lo que puedes conseguir como anfitriona".

Para llamar a un amigo que aún no haya contactado, diga:

Usted:	"Hola Frances. He querido llamarte durante semanas, así que esta mañana te puse al inicio de mi lista. ¿Cómo te va?"

Luego de socializar un poco, diga: "Finalmente hice algo que había estado pensando por un tiempo. Comencé mi propio negocio".

Frances: "¿Qué estás haciendo?"

Usted: "Fui a un evento promocional de (nombre de la compañía) y la pasé tan bien, que decidí yo mismo convertirme en consultor. Pensé que esto te interesaría porque...".

Para abordar a alguien que haya expresado decepción respecto a una experiencia anterior con las redes de mercadeo intente lo siguiente:

"Hola James, te habla Brad. Soy vecino de Mark y él me dio tu número. Él mencionó brevemente que tenías un negocio de mercadeo en redes".

Dependiendo de la reacción de James, usted pudiera decir: "Yo también empecé con otra compañía y sólo me quedé tres meses. Durante un tiempo pensé que no lo volvería a intentar, pero cuando me hablaron de (nombre de la compañía), las cosas fueron bastante diferentes".

Explique lo que le hizo cambiar de parecer:

"Obtengo mucho respaldo".

"Los productos son mucho más fáciles de vender".

"El plan de compensaciones es mucho más simple".

Su respuesta dependerá de la reacción de su interlocutor, pero asegúrese de decir lo siguiente: "Ya que había estado anteriormente en las redes de mercadeo, sabía lo que estaba buscando".

Para llamar a alguien a quien usted conoció a través de un tercero, intente estas frases:

"Hola Vicky, soy Tiffany. Nos conocimos en la graduación de Ana. ¿Recuerda qué mencioné que tengo mi propio negocio vendiendo productos (nutricionales/educativos/de belleza)? Bien. Estoy expandiendo mi negocio y usted es exactamente la clase de persona que estoy buscando. Usted es una compañía muy agradable".

Ahora tómele el pulso a la llamada mediante preguntar:

"¿Tiene un tiempo una de estas tardes para que tomemos café y le pueda explicar de qué se trata esto?" A continuación determine el paso a seguir: si otorga a sus prospectos algún trato especial, explíqueles qué los hace merecedores de ese trato. También déjeles claro que no va a presionarlos durante la entrevista. Por todos estos logros, cuanto más rápido tome el teléfono, más pronto podrá construir su organización.

CAPÍTULO 30

La entrevista de vinculación

SI EXISTE UN MOMENTO MÁGICO en el ámbito de las redes de mercadeo, es cuando usted está a punto de presentar el negocio a sus prospectos. Si ya ha llegado hasta este punto, es porque ha estado jugando sus cartas bien. Tiene todos los motivos para sentirse confiado y con pleno dominio de la situación.

Sin importar lo emocionado que esté, trate de relajarse. Usted va a repetir este proceso muchas veces y nunca podrá predecir quién va a aceptar y quién no. Sus prospectos provienen de diferentes antecedentes y tienen diferentes experiencias y percepciones. Ellos van a examinar todo lo que usted diga a través del filtro de sus propias creencias y prejuicios. Usted puede controlar la calidad de su mensaje, pero no la decisión que tome su prospecto.

Cuando sea el momento de iniciar la entrevista, siga los pasos a continuación para incrementar las posibilidades de escuchar la frase que quiere oír: "¿Dónde debo firmar?"

☆ Agradezca a su prospecto por encontrarse con usted y dígale que la reunión no tardará más de 40 minutos. Es probable que la persona esté pensando, "Estoy ansioso por comenzar mi propio negocio, y no creo que haya nadie mejor con quien vincularse". ¡Felicitaciones! A menos que la entrevista resulte un fiasco, usted está a punto de tener un auspiciado. La persona también pudiera estar pensando: "¿Por qué me metí en esto?", o "¿Qué excusa pudiera dar?"

Permita tiempo suficiente para que el prospecto se relaje y se familiarice con usted. Confírmele que no se encuentra en una emboscada. Agradézcale a la persona por venir y explíquele la razón por la cual la abordó —usted vio en ella cierta cualidad o fortaleza. Ahora usted está aquí para ayudarle a decidir si este negocio tiene algo para ofrecerle. ¿Percibe como se desvanece la tensión?

☆ Invite a sus prospectos a hablar de sí mismos. A todos nos encanta hablar sobre nosotros mismos y nos gusta cuando se nos da la oportunidad de hacerlo.

☆ Haga muchas preguntas. La calidad de la información que reciba dependerá de la calidad de sus preguntas. Quienes saben escuchar con atención siempre encuentran la manera de hacer el tipo de preguntas correctas, lo que naturalmente lleva al siguiente punto de la conversación. Sin sonar a interrogatorio, trate de averiguar cuáles son los puntos sensibles de la profesión o de la situación financiera del prospecto:

"¿Cuánto tiempo tiene en su empleo actual?"

"¿Qué es lo que más le gusta de este?"

"¿Hay algo que no le guste?"

"¿Cómo es su trabajo ideal?"

"¿Cuánto es el ingreso anual de sus sueños?"

"¿Qué cosas haría si ganara esa cantidad?"

"¿Cuáles son sus metas financieras a largo plazo?"

Antes de formular cualquier pregunta, piense en esto, "¿Qué estoy intentando saber?" El propósito de cada pregunta es lograr entender el punto de vista de la otra persona, no es intentar poner palabras en su boca. Conceda el tiempo suficiente para contestar las preguntas. Reténgase de hablar hasta que la persona haya terminado de hablar. Si usted habla demasiado pronto, se perderá de verdaderas gemas en la conversación.

☆ Cuando sienta que es el momento apropiado, diga, "Permítame contarle a *grosso modo* de qué se trata el negocio". Evite citar del manual corporativo. Concéntrese completamente en la persona que está sentada frente a usted y adapte su presentación a las circunstancias, ambiciones y prioridades del prospecto.

☆ Explique el negocio en términos sencillos y procure no utilizar la terminología de la industria. Expresiones como *línea ascendente, línea descendente, ancho y profundo*, y el uso de abreviaciones pudieran confundir y hasta alejar a sus prospectos. Si usted utiliza conceptos nuevos, verifique si su interlocutor los está entendiendo.Pregunte: "¿Esto tiene sentido para usted?", o "¿Estoy explicando esto lo suficientemente bien?"

☆ Mantenga su entusiasmo bajo control. Asegúrese de no estar destacando sólo un aspecto del negocio. Deténgase con frecuencia e invite a hacer preguntas. Su comportamiento confiado y tranquilo impresionará a su prospecto.

☆ No se asuste si recibe una objeción. Las objeciones son una invitación para compartir más información. Recuérdele a sus prospectos que su intención no es tratar de convencerlos o de persuadirlos. Lo que usted desea es que ellos tomen la mejor decisión para sí mismos. En el capítulo 32 encontrará algunas sugerencias sobre cómo tratar las objeciones comunes.

☆ Pregunte: "¿Qué piensa de lo que le acabo de contar?", y espere la respuesta sin hacer interrupciones. Así los prospectos podrán tomar su propia decisión. Es posible que exista una línea muy delgada entre un sí y un no. Ejercer presión disminuirá las posibilidades de escuchar la frase: "¿Dónde debo firmar?"

✩ Si no hay preguntas y todo va bien, diga, "La pregunta que más me hacen es…", o "La duda más grande que yo tenía antes de vincularme era…".

✩ Si su prospecto está de acuerdo, haga que firme el contrato de inmediato y confirme que tenga su *kit* de inicio, así como información sobre el entrenamiento. Si el prospecto se muestra inseguro, todavía tiene varias opciones para mantener el asunto vivo:

➤ Invite al prospecto a un evento cercano.

➤ Ofrézcase a concordar una nueva cita para dar tiempo al prospecto de pensar el asunto, quizás involucrando a su cónyuge la próxima vez.

➤ Preste a sus prospectos un CD o un DVD donde puedan aprender más sobre el negocio.

➤ Comparta con ellos una revista donde se explique la naturaleza de su compañía y remítalos a artículos que encajen con sus circunstancias. Por ejemplo: "Le recomiendo revisar el artículo de la página 46. Es sobre una de las líderes destacadas y me hace acordar de usted. Antes de unirse al negocio ella también tenía hijos y un empleo de tiempo completo".

➤ Invítelos a escuchar una grabación en vivo de una llamada para ofrecer el producto.

✩ Los auspiciadores estelares nunca dan la impresión de estar forzando a tomar una decisión. Una excelente manera de mantener vivo el interés de su prospecto y de evitar la sensación de presión, consiste en decir: "Ponga nuestra conversación de hoy en la parte de atrás de su mente. Logrará saber si esto es para usted si descubre que está pensando en ello todo el tiempo, o si nuestra conversación continúa reapareciendo en su mente. Esas son señales de que debería darse la oportunidad".

☆ Sin importar cuál sea el resultado, agradézcale a la persona por asistir a su cita e intente mantener la puerta de comunicación abierta. Muchos de los que trabajan bajo el sistema de ventas directas admiten que fueron abordados dos y hasta tres veces antes de firmar. Prepare algunos "paquetes de negación" y llévelos consigo —muestras gratis, ofertas especiales, bonos de descuento y hasta invitaciones preferenciales para lanzamientos próximos a realizarse—, cualquier cosa que anime a la persona a mantenerse en contacto. No desperdicie las grandes oportunidades que se le presenten de construir una relación fuerte con los buenos prospectos simplemente porque el tiempo no era el apropiado.

Cuántas más citas tenga, más próximo estará a encontrar los auspiciados de calidad que está buscando. Existe una única forma garantizada de fracasar en este negocio y esa es: no ofrecer la oportunidad de vinculación.

C A P Í T U L O   3 1

El seminario de negocios

EXISTEN TRES TIPOS DE SEMINARIOS DE NEGOCIOS: los buenos, los malos y los feos.

Los buenos están orientados hacia los clientes. Los malos están enfocados en la compañía y en los productos. Los feos se concentran en los presentadores. Deje que las celebraciones y las felicitaciones las hagan quienes asisten al evento. Si su meta es atraer nuevos representantes, engrane cada parte de su programa hacia ellos.

Los siguientes pasos le ayudarán a sacar el máximo provecho de sus seminarios.

Paso uno

Comience desde el principio: ¡Atraiga a todo el mundo!

Cuantas más invitaciones haga, más prospectos vendrán. Cuantas más personas tenga en la sala, más electricidad generará y mayores probabilidades habrán de obtener una avalancha de vinculados.

Distribuya invitaciones con la fecha, la hora, el lugar y una línea de confirmación de asistencia. Las invitaciones personales con confirmación de asistencia funcionan mejor que las invitaciones abiertas. Incluya algunos puntos destacados de la noche, así como los obsequios o regalos que planee dar. Un elemento que crea anticipación por el evento consiste en numerar todas las invitaciones. Los invitados simplemente tendrán que escribir sus datos de contacto y traer la invitación para tener la opción de participar en la obtención de un premio (y usted tendrá una lista de invitados actualizada).

Haga que sus auspiciados ayuden a llenar la sala. Anímelos a traer al menos un invitado de cada una de las siguientes categorías —clientes, anfitriones, vecinos, parientes, amigos, compañeros de trabajo o alguien que haya rechazado su oferta anteriormente.

Cuanto mejor conozcan sus invitados a la persona que les extendió la invitación, mayores probabilidades hay de que asistan al evento. Esa es una de las razones por las cuales usted deberá mantenerse en contacto con sus listas calientes y tibias. Un seminario bien conducido tiene el efecto de impresionar lo suficiente a los invitados como para inclinar la balanza a su favor.

Si continúa promocionando el evento, sus auspiciados estarán muy atentos a invitar al mayor número posible de personas. Quizás desee dar un incentivo que premie al auspiciado que traiga a los invitados más cualificados.

Por cada invitación que envíe haga una llamada de confirmación. Las dos razones por las cuales un invitado que ha sido confirmado no se presenta son:

1. Olvidaron el evento.

2. Decidieron en el último momento que no desean ser molestados.

Las llamadas de confirmación reducen las ausencias. Explique que usted aprecia saber de antemano si van o no a asistir de modo que pueda disponer de los cupos apropiadamente.

No hay nada como el eco de un salón vacío para menoscabar el entusiasmo de un evento. Por lo tanto, si su número de asistentes es pequeño, invite a algunos amigos para ayudar a crear una atmósfera animada. La mejor garantía de gozar de un evento lleno de personas es tener la fama reconocida de celebrar grandes eventos. Su personal querrá traer más invitados si sabe que será una noche agradable y divertida.

Paso dos

La preparación logra la perfección

Diseñe un programa que incluya una variedad de presentadores que sepan conectarse con su audiencia. Si demora una hora en la presentación formal y luego hace dos presentaciones informales de treinta minutos, hará que sus invitados corran a la puerta en la primera oportunidad que se les presente.

Escoja a un maestro de ceremonias que sea divertido, eficiente, y que genere empatía en la audiencia. Un buen presentador del evento sabrá cómo hacer sentir tranquilos y atendidos a cada uno de los asistentes.

Organice una presentación simple del *kit* de inicio, así como de sus productos de mejor venta, de modo que los invitados tengan acceso a verlos, tocarlos y olerlos.

Asegúrese que sus recursos audiovisuales estén funcionando a la perfección. Nada se verá más improvisado que un sistema de sonido deficiente o una presentación de Power Point descoordinada.

Vincule a varias personas a la organización de su evento. Usted necesitará de un equipo de soporte antes y durante el evento, así como acomodadores y presentadores.

Llene el cupo de su auditorio. Coloque las sillas de acuerdo al número de asistentes que espera y tenga unas pocas en reserva, por si en el último minuto la asistencia excede a las expectativas. Si el número de asistentes es reducido, coloque plantas y pendones de forma estratégica de modo que los espacios grandes se vean reducidos y más cerrados.

Haga un ensayo general para corregir los problemas que puedan presentarse. Un orador mal preparado destruye en un instante el propósito de una presentación bien planeada. Los oradores poco experimentados también suelen dar mal uso al tiempo asignado. Lo que parecen como cinco minutos en el micrófono, bien pueden ser quince minutos en tiempo real que podrían perjudicar su programa.

Paso tres

Cree una atmósfera sensacional desde el principio

Asegúrese que sus invitados se sientan bienvenidos. Eso incluye tener una clara señalización del lugar del evento para que nadie se pierda del camino. Disponer de un área de parqueadero amplia y bien iluminada es una cortesía básica. Si se presentan problemas con la ubicación del parqueadero o de la sala, utilice ayudantes en sitios estratégicos que orienten el tránsito de los vehículos y de las personas.

La música ayuda a estimular el ambiente del salón y lo mismo es cierto si utiliza acomodadores y tarjetas de identificación. Entregue a todos los asistentes información sobre el negocio y un programa que indique la hora de finalización del evento. Si su producto se presta para obsequiar muestras, repártalas desde el inicio.

Paso cuatro

Inicie y termine a tiempo —¡sin excepciones!

No permita que los que lleguen tarde afecten el tiempo de los que sí se tomaron la molestia de llegar a tiempo. Ubique un acomodador a la entrada para aquietar a los que lleguen tarde y ubicarlos en las filas de atrás, reservadas para ése propósito.

El maestro de ceremonias deberá dar inicio agradeciendo a los invitados por venir y deberá crear el estado de ánimo apropiado diciendo que todos están allí para pasar una gran noche.

Haga que la parte formal de la presentación sea corta y dinámica. Lo que usted está vendiendo aquí es la idea del negocio, así que reserve los detalles para el entrenamiento. Si usted no desea que los asistentes empiecen a cabecear, no permita que ningún orador tenga el micrófono por más de cinco minutos como máximo. Haga que cada orador tenga un tema específico y que se apegue a éste.

"Nuestros productos se venden porque…"

"El negocio cambió mi vida porque…"

Mientras más oradores tengan el programa, más probabilidades existirán de retener la atención de su audiencia. Cada orador se conectará con diferentes invitados, especialmente si cada uno trata un ángulo diferente del negocio. Si un orador está vinculado de tiempo completo, asegúrese que el siguiente combine el negocio con un trabajo regular. Si un orador no tiene hijos, haga que el siguiente sea alguien que tiene organizado su negocio en torno a su familia.

Cuando un orador habla desde el corazón, logra tocar los corazones de su audiencia.

"Yo siempre quise tener mi propio negocio, pero nunca hice nada al respecto. Supongo que temía que no funcionara. Por consiguiente, por años me quedé en mi trabajo de contabilidad/ ingeniería, el cual no me producía ninguna satisfacción. Tenía que trabajar para un jefe que me desagradaba. Pero entonces conocí a mi patrocinador y él me inspiró para que luchara por mis sueños. Eso fue hace un año, y de lo único que me arrepiento es de no haber tenido el valor de haber hecho el cambio antes".

Nunca asuma que los invitados entienden la manera como opera el negocio. Mencione brevemente la manera en que funciona la relación entre el distribuidor y la corporación.

"Tenemos una gran relación con la compañía. Ellos se encargan de la parte engorrosa del negocio de modo que nosotros podamos concentrarnos en comercializar los productos y ayudar a la gente a comenzar su propio negocio. Es el tipo de relación comercial perfecta. Nuestro plan de ganancias funciona del siguiente modo...".

Todos los oradores deberán estar atentos a su auditorio para observar las reacciones a lo que dicen para determinar si se están extendiendo innecesariamente si ven ojos brillantes, lenguaje corporal que demuestre cansancio, bostezos reprimidos, o peor aún, personas que abandonen el lugar. Esas serán claras indicaciones de que es tiempo de cambiar el ritmo o terminar la presentación.

Las señales de terminación de tiempo respetuosas ayudan a asegurar que nadie se pase del tiempo asignado. Un buen maestro de ceremonias no sentirá temor de indicar discretamente a un orador que debe ajustar o terminar pronto su presentación. Si ocurre algo inesperado, ajuste el programa para devolverlo a su curso.

Si tiene una presentación interesante y corta del negocio en DVD, haga uso de ésta. Si en una sección de la presentación se muestran las imágenes de los fundadores o de la casa matriz, transmítala al momento en que estén saliendo los invitados. Los edificios y las fotos de los fundadores no hacen el negocio. Son las personas las que construyen las relaciones y las que hacen que el negocio prospere.

Paso cinco

Termine el evento con una invitación a la acción

Al final de la presentación extienda a los presentes una invitación para que se unan al negocio. Hágalo de forma directa y sincera. Usted no va a recibir aquello que no ha solicitado. Emitir una invitación del tipo "hazlo ahora mismo", ayuda a algunos a que tomen la decisión de vincularse.

Si usted desea que los invitados se unan al negocio debe ser muy positivo. Entregue contratos y bolígrafos, explicando los pasos para iniciar. Concéntrese en los beneficios que vienen con el *kit* de inicio. Explique el procedimiento y diga: "Si hay algún punto en particular que no entiendan, llenen el resto y dejen ese en blanco. Tendremos oportunidad de aclararlo al final del programa".

Señale el *kit* de inicio e invite a los invitados a observarlo después de la presentación. Asegúrese que todos entienden cuál es el siguiente paso, por ejemplo, asistir a la primera sesión de entrenamiento el sábado de la semana siguiente. Agradézcales a todos por venir y saque el premio final, el cual reservó particularmente para concluir la sesión.

Paso seis

Provea un motivo para que los invitados se demoren

Ofrecer un refresco anima a los invitados a quedarse y formular preguntas que probablemente no hayan tenido el valor de hacer frente a todo el grupo. Este no es el momento para conversar con los colegas o con los amigos que participaron en atender el evento.

Para asegurar que a nadie se le pase por alto, asigne a cada invitado a uno de sus auspiciados. Adapte las declaraciones de cierre, según hemos considerado en capítulos anteriores, especialmente en los capítulos ocho y nueve. Así animará a actuar a los que se encuentren vacilantes.

Paso siete

Haga seguimiento a todos los asistentes en un lapso de 24 horas

Agradézcales a sus asistentes por su presencia y determine si tienen preguntas. Piense en el seminario como el inicio de una relación, no como una oportunidad de conseguir unos cuantos vinculados más.

Los seminarios bien planeados y ejecutados constituyen una excelente manera de hacer disponible a otros su oportunidad de negocio. Haga bien su tarea y será recompensado con un gran caudal de nuevos contactos y nuevos vinculados.

C A P Í T U L O   3 2

Las objeciones —¡una gran oportunidad!

USTED DEBE ANTICIPARSE a las preguntas y a las objeciones. Éstas revelan lo que sus prospectos están pensando, por ejemplo:

☆ Tienen interés.

☆ Quieren probarlo a usted.

☆ Tienen preocupaciones legítimas que deben ser resueltas.

☆ Están pensando en una excusa para decir no.

☆ Desean despejar una duda.

☆ Desean tener más información.

☆ Están considerando seriamente la oportunidad de vincularse.

Si usted tiene confianza y entusiasmo respecto a su negocio, considerará las objeciones como una invitación más para explicar su oportunidad.

Asuma cada pregunta como un intento genuino por obtener respuestas. Algunas objeciones conducen a una respuesta negativa, pero
usted tendrá que aprender a sortearlas para encontrar las respuestas
positivas. Esto no es nada diferente a cualquier situación de trabajo donde se entrevistan a varios candidatos hasta descubrir cuál es el
apropiado para recibir el puesto.

Si su prospecto acepta la propuesta de negocio pero aún tiene dudas no resueltas, tendrá menos oportunidades de lograr el éxito. ¿Imagine a quién culpará el prospecto por ello? El propósito de la entrevista
es determinar la afinidad entre el prospecto y el negocio. Si no existe esa
afinidad, no fuerce las cosas.

A continuación encontrará varias maneras de manejar las objeciones, las cuales son adaptables a la mayoría de situaciones:

☆   Mi manera estándar de manejar las objeciones es concordar con
ellas. No tiene objeto discutir o minimizar una objeción. Concordar con la objeción demuestra respeto por el punto de vista y
por las preocupaciones de su prospecto.

> Emma: "Yo no me veo a mí misma como vendedora".
> Usted: "Estoy de acuerdo. Usted no transmite esa imagen.
> Por eso es que la abordé. Usted es una persona ge-
> nuina y nosotros buscamos personas de su perfil,
> no buscamos vendedores que anden presionando
> a la gente".
> "Usted tiene una personalidad tan acogedora, que de
> inmediato hace que la gente se sienta cómoda en su
> presencia".

☆   Una respuesta popular consiste en decir: "Entiendo cómo se
siente". Cuando usted demuestra empatía los prospectos se re-
lajan.

> Adam: "No estoy seguro de ser un buen vendedor".
>
> Usted: "Sé cómo te sientes. Yo nunca antes había estado
> en las ventas y no me sentía nada seguro de que
> esto fuera para mí. Pero cuando vi que a la gen-

te le encantaba los productos, se desvaneció esa
sensación".

☆ Una objeción generalmente activa una conversación que lleve a
descubrir un punto sensible.

Gary: "Estoy bastante contento con mi trabajo".
Usted: "¿Qué haces?"
Gary: "Soy ingeniero".
Usted: "Mi sobrino es ingeniero. Él ama su profesión. ¿Con
cuál empresa trabajas?"
Gary: "Trabajo para el Distrito".
Usted: "¿Sabías que algunos de las personas más exitosas
en este negocio son ingenieros? Hay un ingeniero
que trabaja conmigo y lo hace a tiempo parcial, así
obtiene variedad y vacaciones gratis".
Gary: "¿Vacaciones gratis? Yo a veces ni siquiera logro tener
vacaciones".

☆ Una objeción pudiera ser un escudo para evitar presiones. Si
usted adopta un tono conversacional, logrará que su prospecto
se relaje:

Kelly: "Estoy muy ocupada".
Usted: "Con dos hijos y un empleo de medio tiempo debes
tener una vida bastante ocupada. Sé cómo te sien-
tes. Yo trabajaba de tiempo completo (o, mis dos
hijos no habían cumplido los cinco años de edad)
cuando comencé. Afortunadamente mi patroci-
nadora fue increíble, ella me ayudó a organizar mi
horario y así fue más fácil organizar dos eventos
promocionales a la semana. Comenzar con algo
pequeño es fenomenal. El dinero extra ha hecho la
gran diferencia en nuestro caso".

Este es un buen momento para explicar que su compañía ha
implementado innovaciones tecnológicas que ayudan a ahorrar
tiempo. Por ejemplo, si su compañía envía boletines personali-
zados en su nombre, explique que ello permite ahorrar tiempo
valioso y que mediante ese sistema las ventas implican menos

esfuerzo de su parte. Mencione el sistema de envío directo y el programa de compras al por mayor.

Las personas que tienen que cuidar de sus hijos pequeños se interesarían si el entrenamiento se hace disponible mediante un DVD o mediante tele seminarios y llamadas en tele conferencia.

☆ Algunas objeciones permiten determinar el nivel de compromiso de sus prospectos.

> Sarah: "No tengo dinero".
> Usted: "Comprendo. Hay dos formas de manejarlo".

Pruebe su sinceridad e iniciativa sugiriendo maneras de obtener el *kit* de inicio, mediante alguno de los siguientes métodos:

➢ Asistiendo a uno o dos eventos, donde se pueda obtener el *kit*.

➢ Utilizando el catálogo para obtener pedidos de familiares o amigos.

➢ Apartando algo de dinero del presupuesto del hogar durante algunas semanas.

➢ Haciendo una venta de garaje para obtener los recursos.

➢ Solicitando a familiares que hacen regalos de cumpleaños o de Navidad para que contribuyan dinero para comprar su *kit*.

➢ Trabajando unas horas extras a la semana para obtener el *kit*.

Si existe la intención genuina, sus prospectos encontrarán la manera de obtener el paquete. Si no tienen el dinero, los contactos o la energía, a usted le irá mejor sin ellos. Nunca cometa el error de ofrecer fondos a su prospecto. En mi experiencia, si los prospectos no tratan de hallar el dinero para el *kit*, tampoco tendrán las habilidades para lograr el éxito. El comportamiento y las actitudes que han causado sus angustias económicas también estarán ahí una vez la persona firme el contrato de vinculación. El indicador más exacto del comportamiento futuro es el comportamiento pasado.

Que no le tomen por sorpresa las preguntas personales:

Ángela: "¿Cuánto dinero ganas?"

Conteste con veracidad, incluyendo lo que ha logrado hacer con el dinero y explique sus metas futuras. Lo que el prospecto está preguntando en realidad es: "¿Cuánto dinero puedo ganar?"

Usted: "Yo vendo alrededor de $(...) al mes, con eso aseguro que tengo el porcentaje de comisión sobre mis ventas personales, adicionalmente gano $(...) por las ventas de mi grupo".

"Como promedio tengo diez citas a la semana y mis ventas promedio son de $(...). De modo que en total estoy ganado $(...) a la semana. Pero adicional a ello tengo (...) personas en mi organización. Mi meta es estar ganando $(...) en (...)".

Si usted es nuevo, transforme la pregunta en una declaración positiva. "Yo comencé en febrero y como promedio tengo dos eventos promocionales a la semana. Gano alrededor de $(...) por evento y acabo de vincular a mi primer prospecto. Ambos estamos trabajando por la meta de un viaje a Hawái en Octubre. ¿No sería fabuloso si tú también puedes ir? Permíteme mostrarte...".

"Estoy ganando $(...) al mes y mi meta es ganar $(...). Para lograr mi meta debo hacer (...) presentaciones a la semana y conseguir (...) personas motivadas".

☆ Si le preguntan "¿Cuánto cuesta la inscripción?", es probable que estén listos para firmar, pero puede que les preocupe si la inscripción es costosa.

Conteste de inmediato, aún si la pregunta surge al inicio de la conversación. Nunca diga "Más adelante hablamos de eso".

"Te sorprenderá. Únicamente pagas USD $250 por el *kit* básico de inicio, o USD $500 si deseas el *kit* especial. Mira lo que puedes obtener...".

Cuando comparas el costo con los beneficios del kit, comprendes que se da demasiado por ese dinero. La mayoría de las personas tienen que pagar miles de dólares por empezar un negocio. Las redes de mercadeo representan la oportunidad de iniciar un negocio con casi nada.

☆ Cualquier objeción es mejor expresada que cuando se queda sin decir.

> Lina: "Yo (u otra persona) intenté con esto antes, pero no funcionó".
> Usted: "Háblame de eso".

Muchas personas se aventuran a trabajar con una compañía antes de determinar si esa oportunidad encaja con sus circunstancias. Escuchar sobre esos casos fallidos le ayudará a explicar por qué esto es un asunto diferente.

> Usted: "Casi la mitad de nosotros hemos estado anteriormente involucrados con otras compañías. Considero que es importante encontrar lo que uno realmente busca. La razón por la cual escogí esta compañía es...".

☆ La manera como usted responde cuando su prospecto dice "Voy a pensarlo", puede salvar su día. Esa puede ser una despedida brusca, pero usted puede hacer que ellos reconsideren la idea si juega bien sus cartas.

> Anne: "Voy a pensarlo".
> Usted: "Por supuesto, a mí me tomó dos semanas tomar la decisión porque quería estar seguro. Este libro/ CD me ayudó a contestar algunas preguntas que tenía sobre el negocio. Yo estoy en esta zona el miércoles y lo podría recoger ese día". Es posible que pueda agregar, "Tienes razón al no apresurar esta decisión". A continuación con una voz calmada, pregunte, "¿Tiene que ver algo el costo del kit de inicio?"

Si el prospecto contesta afirmativamente, usted tiene algo sobre lo cual trabajar. Si la respuesta es negativa, intente explorar un poco más para hallar la solución a la razón que esté deteniendo a la persona de tomar la decisión.

Cuando usted esté seguro de que "no", significa "no", agradézcale al prospecto por su tiempo y ofrézcale un cupón de descuento redimible para una compra futura. Así, usted creará una razón para llamar de nuevo en dos meses y decir: "Recordé el cupón que te di y me pregunto si lo redimiste. Las ofertas especiales de este mes son increíbles".

☆ Convierta una objeción en una oportunidad para llegar hasta quien toma la decisión.

> Ellen: "Voy a consultar esto con mi esposo".
> Usted: "Buena idea. No hay afán en cuanto a tomar la decisión. ¿Le gustaría que los visitara de modo que pudiera contestar las preguntas que surjan?"
>
> Es posible que consiga a dos personas entusiasmadas pero que todavía no estén convencidas. Este negocio no es para todo el mundo. Así son las cosas. Yo nunca sería odontóloga, o contadora, o fabricante.

☆ Algunos prospectos pudieran no saber muy bien cómo funciona el negocio de las redes de mercadeo o las ventas multinivel. Es probable que anteriormente un representante muy insistente los haya dejado sin ánimos de querer saber al respecto.

> Dave: "¿Esto es sobre ventas multinivel?"
> Usted (exprésese con entusiasmo): "Así es, ¿ha estado en el mercado multinivel antes?"
> Dave: "No, pero un amigo mío sí".
>
> Ahora tiene una oportunidad de oro para hablar sobre su negocio multinivel o red de mercadeo. Diga: "Entonces permítame explicarle de qué se trata".

Si Dave responde, "De acuerdo", pregúntele: "¿En qué compañía estuvo su amigo?", y continúe su conversación desde allí.

☆ Algunas preguntas se basan en información errónea.

John: "¿Es esto un esquema piramidal?"

Usted: "No, ¿sabías que los esquemas piramidales son ilegales?"

Explique en qué consiste una pirámide: "Los esquemas piramidales se basan en 'la teoría del más tonto'. La gente aporta dinero esperando recibir un gran pago si logran convencer a otros para que hagan lo mismo. La recompensa está en involucrar a otros, en vez de vender algo que implique un valor real. Las ganancias usualmente son demasiado buenas para ser realidad y eso es totalmente cierto. La mayoría de los que invierten su dinero, lo pierden".

A continuación explique en qué consisten las redes de mercadeo: "Uno sabe fácilmente si una compañía es una red de mercadeo legalmente establecida. Lo que usted gane se debe basar en sus ventas. Observe cómo funciona nuestra compañía...".

☆ Algunas personas asocian el tiempo de permanencia en el mercado con la credibilidad.

Mathew: "¿Cuánto tiempo ha estado su compañía en el mercado?"

La mayoría de las compañías incluyen esta información en su sitio web y en los manuales de entrenamiento. Si no es así, contacte a su compañía o consulte con su auspiciador.

Si la compañía es nueva, dígalo:

"Somos nuevos en el mercado. Pero los fundadores han estado en la industria por (...) años. Ellos saben muy bien lo que están haciendo y eso es evidente por el soporte que recibimos. Es excelente que ellos hayan iniciado la empresa, lo que nos da la oportunidad de ser pioneros".

☆ Las preguntas sobre la legitimidad revelan que su prospecto está
   considerando seriamente la oportunidad de vincularse.

> John: "¿Ustedes son miembros de la Asociación de Ventas
>   Directas (DSA)?"
>
> Usted: "Por supuesto que sí. Aquí está el logo". Si su cor-
>   poración es miembro, el logo de la DSA aparece-
>   rá impreso en la literatura y en el sitio web de la
>   compañía.
>
> "Todavía no, pero ya aplicamos y pronto vamos a recibir
>   nuestra membrecía". Esto en el caso que su com-
>   pañía esté en el proceso de aplicación. Puede que
>   tome algún tiempo la confirmación.
>
> "No, pero...". Si su compañía no es miembro, puede que sea
>   demasiado pequeña o muy nueva y es probable que
>   pertenezca a otras asociaciones acreditadas.

Tenga en mente que lo que cuenta no es la objeción, sino la manera
como usted la maneje. Aprenda a amar las preguntas y las objeciones. Si
su prospecto no las hace, la consideración —y la oportunidad de tener
nuevos auspiciados— probablemente se habrá perdido.

Sobre todo, sea consciente que cuando usted esté entrevistando
a su prospecto, él también lo estará entrevistando a usted. La decisión pudiera verse influenciada por la forma como la persona evalúe
su profesionalismo, confianza, conocimiento y sinceridad. Cuando la
confianza que usted demuestre respecto al negocio sea inquebrantable,
usted estará dispuesto a aceptar toda la retroalimentación disponible.

PARTE IV

¿Es usted un auspiciador estelar?

CAPÍTULO 33

Su estilo personal como auspiciador

AHORA USTED CUENTA CON UNA FORTUNA de información sobre cómo convertirse en un auspiciador estelar. Es tiempo de ver si usted tiene lo que se necesita para convertir toda esta información en resultados. Si compara su estilo personal como auspiciador con los siguientes perfiles, usted podrá poner a prueba su potencial para construir una organización rentable.

Es posible que descubra fortalezas sobre las cuales edificar y debilidades que deba confrontar. Del mismo modo, estará en condiciones de ayudar a sus nuevos auspiciados a reconocer sus fortalezas y sus debilidades.

Los auspiciadores estelares

Los auspiciadores estelares son los mejores vinculadores y pertenecen a uno de los siguientes perfiles:

☆ El auspiciador instintivo

☆ El auspiciador intrépido

☆ El auspiciador intuitivo

☆ El auspiciador influyente

☆ El auspiciador inspirado

El auspiciador instintivo

Usted cree en el negocio y no tiene reparos en abordar a las personas que considera que se van a beneficiar de la oportunidad. Usted sabe
qué hacer y lo hace sin vacilación. Vincular a otros hace parte de su
naturaleza y logra hacer vinculaciones de forma consistente.

El auspiciador intrépido

Usted es una persona determinada, enfocada y preparada para hacer lo que se requiera para construir su organización. No permite que
las adversidades echen a perder su éxito. Vive bajo la filosofía "Algunos
podrán, otros no; así que, ¿quién es el siguiente?"

El auspiciador intuitivo

Usted logra establecer buena empatía con las personas. Reconoce
a los prospectos potenciales a metros de distancia y sabe qué es aquello
que les interesa sobre el negocio.

El auspiciador influyente

Usted es un líder natural, carismático y seguro. Usted utiliza sus
habilidades comunicativas sobresalientes para presentar el negocio de
forma persuasiva. Los prospectos se impresionan ante su fortaleza y se
sienten complacidos con el hecho de haber sido abordados.

El auspiciador inspirado

Usted se ve a sí mismo como embajador del negocio. A usted le
motiva la fuerte convicción que siente por el producto y le encanta promoverlo. Los prospectos admiran sus fuertes convicciones y su lealtad
a la marca.

Si usted se identificó como un auspiciador instintivo, intrépido, intuitivo, influyente o inspirado, se encuentra en el 10% más alto de los auspiciadores. Usted verdaderamente es un auspiciador estelar. Su negocio está creciendo, consigue todos los incentivos de auspicio y va en camino a cumplir todas sus metas. Usted es un modelo que fija la norma a la cual aspiran los otros comercializadores en red.

Los auspiciadores estelares en proceso de formación

Si usted reconoce que tiene uno de los perfiles a continuación, y está dispuesto a cambiar, definitivamente tiene lo que se necesita para convertirse en un auspiciador estelar.

☆ El auspiciador inquisitivo

☆ El auspiciador impulsivo

☆ El auspiciador idealista

☆ El auspiciador que improvisa

☆ El auspiciador que busca

El auspiciador inquisitivo

Usted se muestra ansioso de aprender todo lo que implica auspiciar a otros. Lee manuales, invierte en grabaciones de audio y compra libros para saciar su sed de conocimiento. Usted busca tener patrones o modelos, asiste a todas las sesiones de entrenamiento, y busca con prontitud la asesoría de su patrocinador.

El conocimiento siempre es una ventaja, pero el éxito no proviene de las páginas de un libro. El mejor entrenamiento lo suministra el trabajo mismo. Combine sus deseos de aprender con el hecho de ir y vincular a otros desde el mismísimo campo de acción.

El auspiciador impulsivo

Usted logra vincular a otros a su negocio en los pequeños momentos de concentración antes de distraerse con otras cosas. Usted tiene todo un vasto potencial de talento subutilizado y posiblemente es una persona un tanto desorganizada.

Los mejores auspiciadores del negocio son consistentes. La actividad produce resultados. Usted no puede esperar resultados si hace esfuerzos inconsistentes. Lleve siempre consigo los materiales de vinculación. No pierda oportunidades por ir con las manos vacías. Pegue notas en su planeador, en su espejo y en la nevera con recordatorios sobre lo que tiene que hacer a diario.

El auspiciador idealista

Usted se concentra en los beneficios del producto a expensas del negocio. Usted tiende a buscar a los seguidores de productos parecidos y a resaltar siempre las cualidades de sus productos en comparación con los de la competencia.

Aunque esa lealtad es digna de reconocimiento, corre el riesgo de parecer obsesivo. Usted también en ocasiones se siente tentado a exagerar los beneficios de sus productos. Recuerde que un equipo de vendedores puede llegar a más clientes que un guerrero valiente en solitario. Si usted quiere construir un negocio rentable, entonces debe vincular.

El auspiciador que improvisa

Usted es carismático, de modo que logra atraer prospectos. No obstante, usted es algo descuidado. Para vincular a otros adopta un enfoque casual y echa mano de su ingenio para irla pasando.

Aunque su ingenio puede llevarlo lejos, debe dar ejemplo a sus auspiciados. Deje de tomar atajos y haga la tarea que tiene que hacer con la compañía, con los productos y con el plan.

El auspiciador que busca

A usted le encantan los premios. Sin importar cuál sea la recompensa a usted le motiva la emoción de ganar. Usted maneja su negocio como si se tratara de un gran trofeo que hay que alcanzar.

Usted va tras la recompensa a toda costa, pero hágase consciente de que su falta de estabilidad le puede costar a largo plazo si no invierte en construir relaciones sólidas con las personas que auspicia. El mejor incentivo debe ser un ingreso alto y regular. Los negocios con poca profundidad no son el fundamento para sobrevivir a lo largo del tiempo.

Si usted se ha identificado como un auspiciador inquisitivo, impulsivo, idealista, que improvisa, o que busca, sus fortalezas superan a sus debilidades y tiene todas las posibilidades de avanzar hacia el escalafón de los auspiciadores estelares. Confronte sus debilidades y los resultados no se harán esperar.

Auspiciadores de bajo potencial

Si usted se identifica en el grupo de perfiles a continuación, hay trabajo por hacer. Sin duda ya se siente frustrado por su falta de progreso, pero no todo está perdido. Yo podría mencionar el nombre de muchos líderes industriales que empezaron a volar muy alto luego de identificar lo que les estaba afectando y cuando lograron superarlo. Entre los auspiciadores de bajo potencial se encuentran:

☆ El auspiciador ineficiente

☆ El auspiciador indiscriminado

☆ El auspiciador intimidado

☆ El auspiciador inhibido

☆ El auspiciador indeciso

El auspiciador ineficiente

Usted tiene un historial de promesas olvidadas y de clientes no visitados. Dado que sus técnicas son erráticas, cuando usted se encuentra a alguien que pudiera ser un prospecto, corre el riesgo de perderlo.

Es tiempo de ponerse en forma. Usted no va a prosperar en las redes de mercadeo si no desarrolla un interés genuino por ayudar a otros. Sus prospectos merecen algo mejor que un auspiciador que carezca de autodisciplina y de habilidades gerenciales.

El auspiciador indiscriminado

A usted le falta empatía. Usted aborda a los prospectos indiscriminadamente, y sin evaluarlos, presenta su oferta. Aunque probablemente se esté engañando con la idea de que le está ofreciendo la oportunidad a todo el mundo, en realidad no se está tomando el tiempo para desarrollar una buena relación con las personas, ni está identificando sus verdaderas necesidades.

Es hora de ser realista. No todo el mundo encaja con este negocio y usted pierde su tiempo y le hace perder tiempo a otros si adopta un enfoque de oferta impulsivo. Reevalúe su enfoque y desarrolle interés genuino por sus prospectos.

El auspiciador intimidado

A usted le intimida el aspecto del negocio que implica vincular personal. Teme ser rechazado y teme el fracaso.

Aunque es natural experimentar dudas, se necesita coraje para construir el negocio. Probablemente le sorprenda saber que muchos comercializadores en red que aparentemente se ven muy seguros reconocen que enfrentan sentimientos de insuficiencia.

Es hora de detener esa situación. La única manera de superar los sentimientos de duda y de resistencia es abordando a los otros. Está bien admitir que se siente aprehensión, pero es mejor dejar de concentrarse en uno mismo y optar por llegar a aquellas personas cuyas vidas pudieran cambiar si usted les da la oportunidad, y si usted mismo se da esa oportunidad.

El auspiciador inhibido

Usted pudiera exponer miles de razones por las cuales no está auspiciando a otros. Las excusas son su fuerte y permite que las influencias externas le distraigan de sus metas. Su forma de pensar es: "Soy demasiado (…), así que no esperen de mí que (…)".

Asegúrese de no estar saboteando su oportunidad de construir un gran negocio, diciéndose a sí mismo que no tiene el control de su propia vida. Usted probablemente no puede controlar lo que le suceda, pero sí puede controlar la forma como reaccione ante lo que suceda.

El auspiciador indeciso

Usted tiene buenas intenciones, el problema es que no hace nada al respecto. Puede que eventualmente su prospecto decline la oferta, pero usted probablemente nunca sepa si hubiera sido una pérdida de tiempo el abordarlo. Para el momento en que usted se anima a hacer la oferta, el prospecto probablemente se ha vinculado con otra persona.

Si usted encaja con el perfil del ineficiente, indiscriminado, intimidado, inhibido o indeciso, no se desanime. Usted ya sabe que no está obteniendo resultados, pero ahora sabe que no se trata de lo que otras personas hagan, sino que más bien son sus actitudes y comportamientos los que lo están reteniendo de obtener logros. Ahora tiene la oportunidad de cambiar. Reconocer las propias debilidades constituye un paso positivo hacia superarlas.

¡Ni lo piensen!

Si usted se clasifica en los últimos dos perfiles que se citan a continuación, en realidad tiene muy poco o nada de potencial para el negocio. Sería un milagro que usted auspiciara a alguien.

☆ El auspiciador indiferente

☆ El auspiciador incapaz

El auspiciador indiferente

Usted utiliza el producto pero no tiene ningún interés en participar del negocio. Usted disfruta de los productos como cliente y hasta quizás compre al por mayor; pero eso es todo.

El reclutador incapaz

Usted carece de habilidades sociales y personales para construir un negocio.

Existen todas las probabilidades de que usted no se haya visto en la categorías de los perfiles del indiferente e incapaz (de otro modo no estaría leyendo este libro); pero todo esto encierra una lección. No desperdicie su tiempo intentando auspiciar a personas a quienes les va mejor como clientes. Tenga el valor de auspiciar únicamente a las personas de las cuales se sienta orgulloso de tenerlas como asociadas. Si usted vincula a su organización al tipo incorrecto de personas puede terminar alejando a los candidatos que en realidad sí valen la pena.

CAPÍTULO 34

Dé a sus nuevos auspiciados el mejor inicio posible

HASTA EN EL CASO DE LOS AUSPICIADORES MÁS CON-SISTENTES, vincular a una persona nueva es una experiencia emocionante. La vinculación marca el inicio de un viaje y se espera que ese viaje sea largo y remunerador para ambos.

La mayoría de los nuevos auspiciados empiezan llenos de entusiasmo y emoción. No obstante, la continuidad de su relación comercial depende de la determinación, el empuje y la disciplina. Esas son cualidades que no se pueden transferir a un auspiciado, él tendrá que desarrollarlas.

Su función será la de dar a los nuevos vinculados el entrenamiento y el soporte que necesiten para lograr el éxito, especialmente al inicio del proceso.

Se puede empezar mediante revisar las metas que se expresaron en la entrevista —lo que el auspiciado desea alcanzar, cuándo desea hacerlo y la preparación que se necesita para lograrlo. Si la motivación para unirse al negocio no concuerda con el esfuerzo que el auspiciado está dispuesto a hacer, algo va a tener que cambiar —o la meta o el compromiso.

Asegúrese que los nuevos auspiciados sepan que usted cree en ellos y que hará todo lo que esté a su alcance para ayudarlos, pero que son ellos quienes están al frente de su propio negocio. Dígale a su auspiciado: "Sé que vas a lograr buen éxito en este negocio y de mi parte, cuenta con el mejor soporte que pueda darte. Sin embargo, tu éxito no depende de lo que yo haga. Todo dependerá de ti".

Para asegurar que sus nuevos auspiciados cuenten con la información y el apoyo que necesitan en el momento oportuno, sugiero que les dé una copia de mi libro *Be a Network Marketing Superstar,* el cual contiene una guía paso a paso para construir un negocio exitoso. No solamente les inspirará para que sigan tras sus sueños, sino que les mostrará cómo hacerlo.

El mejor cumplido para sus nuevos auspiciados es creer en ellos. Apóyelos y permítales descubrir por ellos mismos que su convicción tenía fundamentos.

Existen millones de prospectos en todo el mundo y ahora usted sabe cómo identificarlos. Aplique las técnicas que ha aprendido en este libro, y pronto construirá cifras de varios dígitos.

Si usted lo desea, y yo creo que lo merece, sé que lo logrará.